세계 최고의 **화술**

성공한 리더들의 화술 법칙

Stand Like Lincoln

세계 최고의 화술

제임스 C. 흄스 지음 | 이채진 옮김

Speak Like Churchill

링컨처럼 서서 처칠처럼 말하라!

 시아

리더십의 핵심은 설득력이다. 설득력이란, 자신의 의사를 표현·전달하는 것을 통해 상대의 마음을 움직여 자신의 의지를 관철시키는 의사소통 능력을 말한다. 정보화 시대, 커뮤니케이션 시대로 규정되는 현대 사회에서 리더의 대중연설 능력은 그가 이끌고 있는 기업이나 각종 사회단체, 국가 등의 성장·발전에 막대한 영향을 끼친다. 시장에서 기업 가치를 평가하는 기준 중 하나가 바로 경영자의 설득력이다.

미국 제일의 홍보대행사 버슨마스텔러Burson-Marstellar 사의 창업자이자 회장인 해롤드 버슨Harold Burson은 '애널리스트analyst 중 86퍼센트는 최고경영자가 얼마나 명망을 얻고 있는가에 따라 주식매입 결정을 달리하고 있다.'는 흥미로운 조사 결과를 발표한 적이 있다.

그 의미를 들여다보면 기업의 성공은 경영자의 인지도와 설득력에 의해 좌우된다는 것이다. 바꿔 말하면 경영자가 자사自社의 역량과 발전 전망 등의 비전 제시를 통해 시장을 설득하지 못하면 그 기업은 도태될 수밖에 없다는 것이다.

리더는 커뮤니케이션 능력으로 평가된다

홍보대행사에서 경영자를 위해 연설문 원고, 언론 자료, 시청각

자료 등을 준비하거나 말투나 사투리를 다듬어 신문이나 잡지에 기품 있고 멋지게 인터뷰할 수 있도록 주선할 수도 있다. 그러나 버슨이, 홍보대행사가 아무리 경영자를 잘 포장한다고 해도 시장에서 각광받는 인물로 만드는 데 일정한 한계가 있음을 인정했듯, 홍보대행사가 시장에서 '각광받는' 경영자의 품성까지 만들어낼 수는 없다.

1970년대 『포춘Fortune』지에 실렸던 500대 기업 중 60퍼센트는 지금은 모두 사라졌다. 당시 기업의 가치는 부동산, 장비·운송수단 등의 설비나 수송로의 근접성 같은 항목의 보유 여부에 따라 그 평가 내용이 달라졌다. 하지만 오늘날 '정보화 시대'에는 상기한 물리적 평가 항목들은 거의 무의미해졌다. 소프트웨어의 가치를, 지식이나 정보의 가치를 위의 항목으로 평가할 수 있겠는가?

이러한 변화의 소용돌이 속에서 기업 평가의 핵심 항목으로 부상한 것이 바로 기업가에 대한 시장의 호응도이다. 애플 사의 창립자 스티브 잡스Steve Jobs가 다시 경영 일선에 복귀한다는 소식이 주식시장에 전해지자 애플 사의 주가가 하루에 무려 200퍼센트나 솟구쳤다. 시장이 경영자의 능력을 높게 평가한 결과였다.

스스로에게 한번 자문해보라. 나는 과연 최고의 기업 — 또는 단체나 조직 — 을 만들 커뮤니케이션 기술이 있는가? 시장에서 나는 회사를 성장시킬 인물로 평가받고 있는가?

인물 중심의 시대

오늘날은 개인 숭배의 시대이다.

인물잡지『피플』은 시사잡지『타임』보다 늦게 나왔지만 현재 판매 부수는 오히려『타임』을 훨씬 능가하고 있다.

또 할리우드에서는 검증된 스타를 쓰기 위해 총력전을 펼치고 있다. 영화 제작자들은 투자가들을 끌어들이고 관객을 동원하는 것은 스타이지 시나리오나 플롯이 아니라고 생각하는 것이다.

이러한 흐름은 정계도 마찬가지이다. 1997년 영국의 존 메이저 총리는 재선에 실패했다. 항간에는 그 패인이 정부 각료들의 섹스 스캔들 때문이라는 말이 나돌기도 했지만 메이저 총리는 그 스캔들과 전혀 관련이 없었다. 그럼에도 불구하고 메이저 총리는 맥없이 무너졌다. 왜 그랬을까? 그 이유는 야당 후보였던 토니 블레어의 강한 대중적 흡인력 때문이었다.

2001년 2월 2일자『뉴욕타임스』지는 블레어가 처칠과 대처를 능가하는, 사상 최고의 인기 총리라고 평가했다. 한 평론가는 그의 연설에 대해 '지나친 무게감을 싣지 않는 스타일'이라고 평하면서, '딱딱한 주제를 재미있게 말하는 능력'을 갖춘 사람으로 블레어를 평가했다.

블레어는 설득력 있는 화술의 달인이었다. 이러한 면은 빌 클린턴 미국 대통령도 마찬가지였다. 임기 내내 각종 비리와 여성들과의 염문설로 탄핵소추의 위기에 몰리기도 했지만 클린턴의 인기는 식을 줄 몰랐다. 블레어처럼 클린턴도 대중을 사로잡는 독특한 매력이 있었던 것이다.

거미형 리더와 사자형 리더

기업 구성과 관리의 세부 사항까지도 면밀히 챙기며 온갖 노고를 아끼지 않는 헌신적인 모습의 '거미형' 기업가의 전성시대는 막을 내렸다. 거미처럼 여덟 개의 다리를 휘저으며 전 부문을 감독했던 경영자의 시대는 지나갔다는 말이다. 자산 중심의 기업평가가 이루어지던 시대에 IBM 사의 존 에이커 회장이 거미형 리더의 전형적 인물이었다.

오늘날, 급격한 변화의 소용돌이 속에서 살아남아 정상의 기업으로 이끌어갈 수 있는 무한경쟁 시대의 지도자는 '사자형' 기업가들이다. 왜 어느 메이저 영화사의 트레이드마크에도 사자가 있지 않은가. 그 멋들어진 갈기와 커다란 머리로 으르렁거릴 때 얼마나 힘있어 보이는가.

시장은 카리스마 넘치는 강한 리더를 원하며, 그러한 요소를 갖춘 리더만이 기업을 생존·성장시킬 수 있다.

전형적인 사자형 지도자로 루스벨트를 들 수 있다. 사실 미국이 대공황의 늪에서 벗어나게 된 계기는 뉴딜정책 때문이 아니라 세계대전이 발발했기 때문이었다. 하지만 루스벨트의 힘있는 연설이 아니었다면 미국 국민은 용기와 희망을 가질 수 없었을 것이고, 그 또한 네 번이나 당선될 수도 없었을 것이다.

윈스턴 처칠도 사자형 지도자의 대표격이다. 영국이 절체절명의 상황에 몰렸을 때, 처칠의 말 한마디 한마디는 무기로 바뀌어 나치를 긴장시킴으로써 영국 침공을 저지하는 데 결정적 역할을 하였다.

그는 설득력 있는 화술의 최고 경지를 보여준 리더였다.

강력한 커뮤니케이션 능력만 갖춘다면 거미형 리더도 사자형 리더로 변화될 수 있다.

이 책은 그리스 시대의 데모스테네스에서부터 오늘날 레이건과 같은 정치가를 비롯하여 나폴레옹과 같은 군인에서부터 예수와 같은 성인에 이르는 각계의 리더들이 가진 카리스마의 비결을 소개하고 있다.

이 책을 통해 한 시대를 이끌었던 각계각층의 리더들이 갈고닦은 커뮤니케이션 비법을 엿보게 될 것이며, 강력한 리더십을 발휘한 이들 모두가 타고난 위인이 아니라 나름대로의 약점과 한계를 극복한 사람들이었음을 알게 될 것이다.

- 단신이었던 나폴레옹은 체구를 크게 보이도록 하는 연출법을 통해 위엄을 만들어냈다.
- 허스키한 목소리와 사투리를 고민하던 링컨은 핵심을 찌르는 간결한 말로 국민적 동의를 이끌어냈다.
- 처칠은 혀 짧은 소리와 말더듬을 극복하고 분위기를 압도하는 명연설로 국민의 마음을 움직였다.
- 마틴 루터 킹 목사는 미국 국민의 정의감을 자극하는 구절을 인용하는 방법을 통해 백인우월주의라는 장벽을 넘어 미국 사회에서 흑인의 발언권을 고양시켰다.
- 마가렛 대처는 여성 특유의 화사함을 부각시키는 이미지 메이

킹과, 통계수치나 역사적 사실 등을 인용하여 설득력을 높이는 전략을 구사하여 남성 중심의 영국 의회에서 성차별을 극복하고 총리가 되었다.

이렇듯 성공한 리더들의 탁월한 커뮤니케이션 비법은 권위를 높이고 강력한 메시지를 전달하기 위해 각고의 노력을 기울인 끝에 나온 결과물이었다.

강한 리더는 만들어진다

이 책에 등장한 인물들은 역사상 이름이 높았던 커뮤니케이션의 대가들로, 리더의 제1조건으로 커뮤니케이션 능력을 갖추어야 하는 현대인들에게 전략적이고 효과적인 커뮤니케이션 비결을 알려준다. 하루 정도만 투자해도 그 비법을 쉽게 터득할 수 있다. 커뮤니케이션 능력을 갖추는 일은 그리 어려운 일이 아니다. 넥타이를 바꾸거나 새로운 립스틱을 찾는 정도의 노력만으로도 충분하다. 이 책에서 소개하는 설득력 있는 화술의 비법을 터득하기만 하면 당신은 위엄 있고 당당한 리더로 거듭날 것이다.

Ⅲ▶ 성공한 리더는 만들어진다

I

성공한 리더의
회술은 다르다

성공한 리더는 자신만의 개성 있는 스타일을 연출해서 카리스마를 만들고, 침묵으로 주위를 환기시킨 후 요점을 간결하고 명확하게 전달함으로써 분위기를 압도해 나간다. 당신의 말이 상대에게 무시당하지 않기를 바란다면 말을 하기 전에 전하려는 바를 충분히 생각하고 기획해야 한다. 첫마디에서 강렬한 인상을 남기면 상대와의 커뮤니케이션에서 주도권을 확보할 수 있다.

**Stand Like Lincoln
Speak Like Churchill**

침묵으로
말한다

나는 말없이 조용히 서 있다.
— **윌리엄 셰익스피어**

정치가에게 외모는 대중적 인기를 얻는 중요한 자산이다. 베니토 후아레스Benito Juarez는 독재자들이 지배하던 멕시코에서 자유선거에 의해 선출된 최초의 대통령이다. 그는 160센티미터의 단신에 얼굴마저 못생겨 기득권층으로부터 '두꺼비'라고 놀림을 받았으며, 스페인계가 아닌 원주민이라는 신분적 한계를 지닌 최악의 조건으로 대통령에 당선되었다.

난쟁이처럼 작은 키와 원주민 사투리가 섞인 말투에도 불구하고 멕시코 최고 권좌에 오른 후아레스. 어떻게 이런 인물이 당시 멕시코 상층부를 장악하고 있던 순수 스페인계인 크리오요Criollo의 편견을 깰 수 있었으며, 원주민들을 멸시하던 백인 혼혈족 메스티소 Mestizo들의 마음을 얻을 수 있었던 것일까?

침묵은 기대심리를 자극한다

후아레스는 스물여섯 살이 되던 해에 국회의원에 출마했다. 이 작고 못생긴 원주민이 국회 안에서 연설할 준비를 하자 사람들은 모두 시큰둥한 반응을 보이며 웅성거렸다. 그는 아무렇지도 않게 연단에 올라섰지만 쉽게 말문을 열지 않았다. 후아레스는 사람들의 얼굴을 쭉 훑어보며 거들먹거리는 이들의 눈을 똑바로 쳐다보았다. 그러는 동안 그는 자신이 내뱉을 첫마디를 가다듬고 있었던 것이다. 잠시 후 장내는 찬물을 끼얹은 듯 조용해졌다.

후아레스는 이때를 기다렸던 것이다. 그는 자신에게 거부감을 느끼는 보수주의자들에게 '저놈이 무슨 말을 하려는 거지.'라는 궁금증이 생길 때까지 침묵으로 메시지를 보냈던 것이다.

아무 말 없이 서 있던 베니토 후아레스는 이렇게 외쳤다.

자유를 달라, 존엄을 달라, 인권을 달라!

침묵은 카리스마를 창조한다

나폴레옹은 침묵의 효과를 잘 알고 있었다. 나폴레옹도 후아레스처럼 키가 작은 약점이 있었으며, 고향 코르시카 섬 특유의 억센 이탈리아 사투리가 뒤섞인 프랑스어를 쓰고 있었다. 그러나 그의 고민을 이해해줄 만한 사람은 거의 없었다.

나폴레옹은 출정에 앞서 병사들을 모아놓고 처음 수십 초 동안 아무 말도 하지 않고 주위를 둘러보는 방법을 선택했다. 짧은 시간이지만 병사들은 나폴레옹이 매 순간마다 거인처럼 커지는 느낌을 받았다.

나폴레옹은 세계 역사상 가장 강력한 지도력을 갖춘 인물 중 한 사람이다. 그는 카리스마를 창조하는 비법을 알고 있었는데, 그 열쇠가 바로 침묵이었다.

> 나폴레옹은 카리스마 창조의 비법을 알고 있었다. 그 열쇠는 바로 침묵이었다.

셰익스피어의 희곡을 영화화한 「코리올라누스*Coriolanus*」에는 동명의 주인공이 등장하는데, '갑옷을 꿰뚫을 것 같은 눈을 가진' 인물로 평가받는 카리스마가 넘치는 역할이다. 이 역을 맡은 캐나다 출신의 연기파 배우 크리스토퍼 플러머Christopher Plummer는 전략적인 침묵을 이용해서 인물의 성격을 창조했다.

침묵은 신뢰감을 높인다

독자들도 직장생활을 하면서 제품을 고객에게 소개한다든지, 회의를 진행한다든지, 회사에서 간부를 설득하는 말을 해야 할 때 잠시 동안 침묵을 지키는 방법을 선택해보기 바란다. 당신은 상대방에게 과묵한 느낌을 줌과 동시에 더 많은 신뢰를 줄 수 있을 것이다.

신상품 발표회나 혹은 대담의 중간에 질문을 받으면 잠시 침묵하라. 곧장 대답을 쏟아낼 것이 아니라 잠시 질문을 숙지한 후 논리를 정리하여 답변하라. 질문 즉시 토해내는 답변은 그 질문을 끝까지 듣지 않고 답한다는 인상을 심어준다. 사려 깊은 답변은 듣는 사람의 공감을 끌어내며, 당신이 형식적인 답변을 늘어놓는 사람이 아니라 신중한 사람이라는 느낌을 갖게 한다.

교통사고에 대비하여 안전벨트를 착용하듯, 대답하기 전에 잠시 침묵하라. 그리고 묻는 사람의 눈을 똑바로 쳐다보고 답변하라.

탁월한 웅변가였던 아돌프 히틀러도 전략적 침묵의 대가였다. 당시의 영상자료를 보면 히틀러가 베를린 광장에 집결한 수천의 군중을 앞에 두고 아무 말 없이 콧수염과 이마를 매만지며 원고를 검토하는 장면이 나온다. 그렇게 5분이 지나면 사람들은 히틀러의 행동 하나하나에 신경을 곤두세우게 된다. 순간 히틀러는 속삭이듯 말한다.

우리는 평화를 원합니다.

침묵은 권위를 높인다

기혼 여성에게 재산권을 부여하는 법령을 통과시키는 데 결정적 영향을 미친 여권 운동의 선구자였던 엘리자베스 케이디 스탠턴 Elizabeth Cady Stanton도 침묵을 효과적으로 사용하여 걸출한 운동가가 될 수 있었다. 당시 남성들은 여자의 연설이나 설교를 얼토당토않은 일로 여기고 있었다. 18세기의 유명한 영국 수필가 새뮤얼 존슨이 이렇게 말했을 정도였다.

여자의 설교란 개가 뒷다리로 서서 걷는 경우와 같습니다. 비록 설교를 잘하지 못했더라도 우리는 여자가 설교를 해냈다는 사실만으로도 놀라게 됩니다.

당시에는 여성 스스로도 여성의 권위를 인정하지 않았다. 그녀는 말을 시작하기에 앞서 상대방에게 먼저 권위를 인정받아야 한다고 생각했다. 그녀는 의도적인 침묵을 이용했고, 결과는 성공적이었다.

1848년 뉴욕 주 세니커폴스에서 루크리셔 모트와 함께 미국 최초의 여권 집회를 주도하여 여성의 독립선언이라 할 수 있는 「여성의 소신선언」과 지위 향상을 요구하는 결의안을 채택한 그녀의 연설은 지금까지도 사람들 사이에서 회자되고 있다.

> 라파엘로나 렘브란트 같은 천재의 예술 작품도 액자가 필요하듯이 연설에도 액자가 필요하다. 연설의 액자가 바로 이 침묵이다.

인간Man이란 스스로 운명을 결정할 수 없습니다. 인간은 누군가의 도움으로 구원받을 수 있습니다.

침묵은 말보다 소리가 크다

작달막한 키의 엘리자베스 2세 영국 여왕이 1991년 미국을 방문했을 때 일이었다. 여왕이 백악관 정원Rose Garden에서 기념 연설을 하려고 했으나 연단은 부시 대통령의 키에 맞춰져 있었다. 누군가 재빨리 여왕의 키에 맞는 임시 발판을 마련했다.

연단에 선 여왕의 입은 쉽게 움직이지 않았다. 시간이 흘러, 왜 여왕이 아무 말도 하지 않는지 사람들의 궁금증이 한껏 고조되었을 때 여왕은 말을 꺼냈다.

> 침묵은 사람들을 자기 키 이상의 거인으로 만든다.

침묵은 여성들의 심리적 무기이다. 1957년 버지니아 주지사 관저에서도 엘리자베스 여왕은 이 심리적 무기를 사용하였다. 의전儀典 연설이었음에도 불구하고 사람들은 여왕의 연설에 빨려들어갔다. 현장에서 직접 연설을 들었던 사람들은 여왕의 말이 진심에서 우러나온 것 같은 느낌을 받았다. 그러나 다음날 신문에 활자로 나타난 여왕의 인사말은 너무나 평범했다. 바로 이 전략적인 침묵을 활용해 사람들의 이목을 집중시킴으로써 여왕의 연설은 실제 내용보다 더 강한 파워를 갖게 된 것이었다.

부시와 경쟁한 공화당 대선 후보인 단신의 게리 바우어Gary Bauer나, 앨 고어와 경쟁한 민주당 후보인 장신의 빌 브래들리Bill Bradley도 2000년에 있었던 미국 대통령 경선에서 이 침묵의 덕을 톡톡히 보았다.

말을 시작하기 전 상대방을 쳐다보며 첫 문장을 마음속으로 하나하나 새겨보라. 매 순간 첫마디의 위력이 배가될 것이다. 당당하게 상대의 눈을 응시하고 분위기를 압도하라. 사람들은 당신의 말에 귀를 기울일 것이다.

강렬한 첫마디로
분위기를 압도한다

주저하지 말고 과감하게 시작하라.
— 베르길리우스

흡인력 있는 말은 도전적인 메시지를 던지는 것에서 시작된다. 성
공한 리더는 인사치레로 말을 시작하지 않는다.

1875년 조지아 주 애틀랜타에서 열린 면직물 박람회에 초대받은
미국 흑인인권운동가 부커 워싱턴Booker T. Washington이 발언할 기회
를 얻게 되었다. 그는 흑인 노예였던 인물이었다. 과연 그가 발언 기
회를 주어서 감사하다는 말로 연설을 시작했을까? 아니면 노예였던
자신을 초청한 백인 사장들에게 아양을 떠는 말로 연설의 첫머리를
장식했을까? 아니었다.

여러분, 미국 남부 인구의 3분의 1은 흑인입니다.

이 명확한 첫마디가 사람들의 관심을 집중시켰고, 그 뒷말에도 사람들의 관심이 증폭되었다.

입에 발린 첫마디는 공허하다

사람들은 당신이 무엇을 보여줄 것인지 혹은 어떤 말을 할지 잔뜩 기대하고 있다. 이런 중요한 시점에 공허한 소리로 힘을 뺄 필요는 없다. 도전적인 첫마디를 내던져라.

처칠은 '입에 발린 첫마디는 공허하다.'고 했다. 의미도 없는 말이 시작부터 나오게 되면 사람들은 당신을 어정쩡하게 본다. 그럼에도 99퍼센트의 경영자들은 이렇게 첫마디를 시작한다.

> 첫마디는 다른 어떤 말보다 중요하다. 사람들은 당신이 무엇을 보여줄 것인지 혹은 어떤 말을 할지 잔뜩 기대하고 있다.

이처럼 훌륭한 자리에서 여러분을 만나게 되어 영광으로 생각하는 바입니다. 회사 발전에 헌신하는 여러분들의 노고를 깊이 치하하며……

진부하고 지루하며 갑갑함마저 느껴진다. 남북전쟁 당시 노예해방 운동가였던 흑인 지도자 프레더릭 더글러스Frederick Douglass가 1852년 미국 독립기념일에 오하이오 주에서 행한 연설의 첫마디를 들어보자. 전연 뜻밖의 발언이었다.

저, 실례합니다만 절 왜 여기에 초청하셨습니까? 흑인인 제가 왜 오늘을 기념해야 합니까?

윈스턴 처칠Winston Churchill은 1940년 5월 10일에 있었던 국회 연설에서 예상치 못한 발언으로 좌중을 압도했다. 몇 년 전부터 히틀러의 위험성에 대해 여러 번 경종을 울렸지만 그 말을 귀담아듣기는커녕 조롱을 해대던 대다수 의원들이 처칠의 일갈에 귀를 쫑긋 세웠다.

이 엄숙한 시간에 저는 총리의 자격으로 국가의 운명과 대영제국의 운명, 동맹국의 운명을 위해, 그리고 무엇보다도 자유라는 대의大義를 위해 여러분께 고합니다.

독립선언문을 기초한 미국의 제3대 대통령인 토머스 제퍼슨 Thomas Jefferson은 대통령 취임 연설에서 공화당의 전신인 연방파와 민주당의 전신인 민주공화파의 정치적 대립을 해소하고자 다음과 같은 말을 꺼냈다.

우리들은 모두 공화국의 국민이며 미연방의 국민입니다.

콜로라도 주의 전설적인 장로교 목사 존 로스John Ross는 필자에게 이런 말로 첫마디의 중요성을 강조했다.

선생, 처음 설교를 시작할 때 교인들의 주목을 끌지 못하면 남자들은 오늘 축구 시합에서 누가 이겼을지를 생각하고, 여자들은 오븐의 고기가 익었는지를 떠올린답니다.

충격적인 첫마디는 시선을 집중시킨다

충격적인 첫마디가 사람의 마음을 사로잡는다. 원로정치가로 '냉전'이라는 말을 처음 사용한 버나드 바루크Bernard Baruch는 1946년 원폭 위원회에서 다음과 같은 말로 포문을 열었다.

오늘 우리는 사느냐 죽느냐의 문제를 결정하기 위해 이 자리에 모였습니다.

매사추세츠 주의 대니얼 웹스터Daniel Webster 의원은 노예제를 두고 북부연맹과 남부연맹이 대립했을 때, 미국 텍사스 주 분할에 대한 1850년 협정을 지지하는 연설을 했다.

저는 매사추세츠 주의 대표도 아니고 북부연맹 회원 자격으로 말하는 것도 아닙니다. 저는 오늘 미국인으로서 발언하려는 것입니다.

감동적인 말이나 웃음을 유발하는 말로 시작해도 좋다. 링컨은 정적이었던 스티븐 더글러스의 말에 다음과 같은 유머로 화답했다.

더글러스 씨의 말씀대로 저는 위스키 따위나 파는 싸구려 식품점을 꾸린 적이 있습니다. 그런데 그 당시에는 더글러스 씨도 제가 운영하는 가게의 단골손님이라서 몇 차례 위스키를 팔았던 기억이 있습니다. 하지만 제가 이미 오래 전에 그 가게를 그만두었는데도 더글러스 씨는 아직까지 그 가게에 미련을 버리지 못하고 있습니다.

극적인 뉴스거리나 눈이 번쩍 뜨일 만한 사실로 첫마디를 시작하라.

링컨은 일리노이 주에서 명망 있는 정치가 더글러스와 수차례 논쟁을 벌이면서 첫마디로 사람들의 애정과 관심을 끌어내는 말의 중요성을 깨달았다. 무명이었던 링컨은 청중들에게 아양이나 떨며 아쉬운 시간을 낭비할 수 없었던 것이다.

루스벨트는 1941년에 이런 말을 했다.

1941년 12월 7일, 어제는 미국에게 영원한 치욕의 날로 기억될 것입니다. 미합중국은 일본 제국의 해군과 공군에게 대대적인 기습 공격을 당했습니다.

트루먼의 1945년 8월 6일 라디오 연설을 상기해보라.

16시간 전에 미국의 비행기 한 대가 히로시마 상공에 폭탄 한 발을 떨어뜨렸습니다…….

속으로 당신은 '이봐요, 나는 대통령이 아니오. 그저 신제품이나 하나 소개하려는 것뿐이에요.'라고 말할지도 모르겠다. 물론 당신이 거창하게 국민을 상대로 연설하는 것은 아닐지라도 발언의 첫머리를 드라마틱하게 시작할 수는 있는 법이다.

상투적인 인사말은 지루하다

어느 자기瓷器업체의 사장이 여느 유명 회사 제품 못지않게 고급스러운 도자기를 흔들며 연설을 시작했다. 이 사장은 갑자기 도자기를 바닥으로 힘껏 내던졌다. 도자기는 부서지지 않았다. 그에게는 말문을 여는 상투적인 인사말 따위는 없었다.

처칠은 이야기의 첫머리부터 상대방을 사로잡아야 한다고 믿고 있었다.

동료 교수가 필자에게 이런 말을 한 적이 있었다.

"제임스 교수, 연설 첫머리에는 초대한 사람들에게 먼저 사의를 표해야 되겠지요?"

"그러실 필요는 없습니다. 꼭 하고 싶다면 모두들 예상하고 있는 대목만은 피하십시오."

첫머리의 인사치레
는 아첨으로 들리지
만, 말 중간의 인사
치레는 진심처럼 들
린다.

기념식, 영업부 단합대회, 신상품 발표회 등등
공적인 자리든 아니든 그 어디서나 선명한 인상을
심어주는 말로 시작하라.

이 의미는 '……해서 사의謝意를 표합니다.'라는
표현이 전혀 불필요하다는 것이 아니다. 다만 그런 표현들이 지나치
게 상투적인 냄새를 풍긴다고 말하려는 것이다. 마치 모서리가 너무
닳아 만져도 까칠까칠한 느낌이 없는 동전 같다는 의미이다. 상투적
인 말로는 당신의 진의를 전달할 수가 없다.

진심으로 사의를 느낀다면 연설의 중간에 표현하라. 사람들이 당
신의 진심을 느끼게 될 것이다. 다음은 그 한 예이다.

그런데 제가 전국 여러 도시에서 강연을 했지만 지금처럼 중요
한 일을 하고 있다는 느낌은 처음입니다. 부디 저의 말이 이 도시
의 발전에 밑거름이 되기를 바랍니다.

초반을 제압하여 주도권을 장악한다

리더의 말 첫머리는 무게감이 있어야 한다. 감사치레는 소인小人
의 말이다. 고만고만한 연사와 명연사의 차이점은 전자는 상투적인
말로 시작하며, 후자는 첫머리부터 강력한 말을 내세운다는 것이다.
어느 제지회사의 사장이 동계 영업회의에서 이렇게 서두를 열었다.

회사의 기밀사항입니다만 — 잠시 말을 끊었다가 — 올해 우리는 창사 이래 최고의 영업 실적을 거두었습니다.

위대한 인디언 추장 시애틀Chief Seattle은 1854년 인디언 거주지를 사들이려는 백인들의 요구에 맞서 이렇게 말했다.

바람에 일렁이는 파도가 조개껍질 가득한 해변을 뒤덮듯 대지가 사람들로 가득했던 적이 있었습니다. 이제 그 시절은 한낱 추억, 서글픈 추억으로만 남아 있습니다.

뉴욕의 제임스 포브스James Forbes는 전도로 유명한 목사이다. 그는 인간과 신의 관계를 논하는 자리에서 먼저 안정된 진동수의 소리를 내는 소리굽쇠로 음향을 들려주고 다음과 같은 말을 꺼냈다.

하느님께서 여러분의 말을 들으시듯 여러분도 하느님의 말씀을 들을 수 있습니다.

인상적인 첫마디를 준비하라

필자는 1963년 링컨기념관 계단에서 마틴 루터 킹 목사가 수십만 명의 군중을 향해 외치는 말을 들었다. 킹 목사는 노예해방을 위해

싸운 어느 대통령의 말을 되뇌는 것으로 연설을 시작했다. 링컨의 게티즈버그 연설은 '지금으로부터 87년 전에'라는 말로 시작한다.

지금으로부터 백 년 전, 어느 위대한 미국인이 노예해방 선언에 서명하였습니다. 지금 우리는 그분의 자취가 남아 있는 자리에 서 있습니다.

지금 당신이 강연이나 발표 때문에 고민하고 있다면 무엇보다도 첫마디에 많은 시간을 투자하라. 써보고 가다듬고 연습하라.

인상 깊은 말을 준비하라. 따분해하는 사람들을 충격 속에 빠뜨릴 말을 들려주라. 강렬한 첫마디로 사람들을 일깨워야 한다. 머릿속에 '쾅' 하는 충격을 주며 당신의 메시지를 선포하라.

외모에서 카리스마를
연출한다

옷이 당신의 인상을 결정한다.
— **윌리엄 셰익스피어**

조지 워싱턴George Washington 장군은 손님을 맞이하기 전에 제일 먼저 가발을 다듬고 외투와 청색 제복을 솔질하고 타이츠와 스타킹이 구겨지지 않았는지를 확인했다. 마지막으로 그는 검은 가죽 구두를 매만진 후 방문객을 맞이하곤 했다.

워싱턴은 막사에서 지휘를 하거나 심지어 말을 타고 전장을 누빌 때조차 몸가짐에 신경을 썼다.

성공한 리더는 외모부터 다르다

미국 역사상 조지 워싱턴보다 강인한 인상을 남긴 인물은 없었다.

사람들이 워싱턴에게 충성을 다했던 이유는 언변이 출중해서가 아니라 그 풍모에 압도되었기 때문이었다. 워싱턴과 같이 춤을 추었던 여인들은 한결같이 신과 같이 춤춘 것 같은 느낌이 들었다고 할 정도였다.

워싱턴의 카리스마는 그의 외모에서 나왔다. 키가 2미터에 육박했던 워싱턴은 당시 보기 드문 장신이었다. 워싱턴은 버지니아 주 출신 가운데 최장신이었다. 워싱턴의 전용 마차를 몰던 말은 그가 죽는 날까지도 털을 곤두세운 채 긴장하고 있어야 했다. 영화배우 찰턴 헤스턴Charlton Heston이 영화 속에서 워싱턴으로 분한 적이 있었는데, 그 위엄과 카리스마까지는 연기해내지 못했다.

윈스턴 처칠은 『영어권의 역사History of English-Speaking People』라는 책에서 미국의 독립군이 포지 계곡Valley Forge의 패배와 혹독한 추위 속에서 끝까지 버틸 수 있었던 것은 워싱턴이 보여주었던 '위엄' 때문이라고 밝히고 있다.

워싱턴은 나중에 '제헌의회'라고 불린 준準입법 잔류국회의 의장으로 선출되었다. 하지만 워싱턴이 이 국회의 의장이 되는 데 동의하지 않았다면 미국인들도 국회의 권위를 인정하지 않았을 것이다. 실제로 워싱턴이 그 역할을 받아들임으로써 이 국회가 인준을 받은 격이었다.

국회가 인준이 된 후 새 헌법으로 구성된 선거인단에 의해 워싱턴은 만장일치로 대통령에 선출되었다. 워싱턴은 대통령이라는 직함만 빼면 '선거로 당선된 왕'이나 다름없었다. 실제로 독립군 장교들이 그에게 왕이 되어달라는 요구를 하기도 했지만 워싱턴이 거절하였다. 유럽의 게르만공국에서도 워싱턴에게 왕이 되어줄 것을 제안하기도 했으나 역시 거부당했다. 당시 유럽에서는 다른 나라의 군사령관을 왕으로 옹립했던 전통이 있었기에 워싱턴에게만 왕좌를 제안한 것은 아니었다. 현재 네덜란드나 스웨덴의 왕족들은 본래 외국의 장성 출신들이다.

조지 워싱턴은 당시의 쇠락하던 부르봉왕가나 스튜어트왕가보다 더욱 강력한 위엄을 발산하고 있었기에 셰익스피어의 표현을 빌리자면, '왕과 다름없는' 존재였다. 워싱턴은 제왕의 권위, 말하자면 카리스마를 연출하는 법에 통달했던 것이다.

기발한 아이디어로 무장하라

워싱턴과는 달랐지만 벤자민 프랭클린도 강인한 인상을 연출하는 법을 알고 있었다. 프랭클린이 프랑스 주재 사절로 발령이 났을 때 일이다. 그는 가발을 쓰고 비단과 우단으로 치장한 프랑스인들과는 다르다는 것을 베르사유 궁전에서 보여주고 싶었다.

어느 날 그의 딸이 물었다

"아빠, 베르사유에 들어가려면 궁정복으로 맞춰 입어야 하는 것 아니에요?"

"얘야, 나는 구시대 왕족이 아니란다. 프랑스인들에게 새 시대의 선도자 같은 인상을 주고 싶단다."

프랭클린이 대답했다.

프랭클린은 가발도 쓰지 않은 채 미국산 면양복을 입고 프랑스로 갔다. 소위 '혁명적 패션'이라는 말이 등장하기 이전에 그는 벌써 그 말을 실천했던 사람이었다. 당시 유럽에는 '자연인'이라는 루소의 철학적 개념이 유행하고 있을 무렵이었다. 프랭클린의 모습을 본 유럽인들은 그를 신세계의 자연인이라고 말하며 일종의 팬클럽까지 만들었다. 프랭클린은 해외로 진출한 미국 최초의 아이돌 스타였던 셈이다.

> 아무렇게나 옷을 입어서는 안 된다. 옷은 스스로 말을 하기 때문이다.

미국 독립전쟁이 막을 내리는 평화조약(1783년)을 체결할 때 프랭클린은 목에서 무릎께까지 단추가 달린 맨체스터산 헌 갈색 외투를 입고 나왔다. 동료이며 미국의 제2대 대통령이 된 존 애덤스John Adams가 오늘처럼 역사적인 날에 옷차림이 그게 뭐냐고 핀잔을 주자 그는 이렇게 대꾸했다.

애덤스, 십여 년 전 저 영국의 검사 웨더번Wedderburn에 의해 '군사재판'을 받던 날에도 나는 이 갈색 외투를 입었소. 오늘 같은 날 내가 이 옷을 입고 나오면 그에게 조그만 앙갚음이 되지 않을까 생각했소.

미국의 제5대 대통령으로 유럽의 신대륙에 강한 영향력을 견지했던 제임스 먼로James Monroe는 의상으로 자신의 위엄을 과시하였다. 남성용 의복이 18세기의 타이츠와 스타킹에서 바지로 변화되는 시기에 먼로는 장교복을 즐겨 입었다.

그의 의상은 독립전쟁 기간 중 행정관저에서 사람들이 늘 입었던 복장이었고, 호칭도 대통령보다는 대령으로 불리는 것을 더 좋아했다. 먼로의 의상은 자신이 조지 워싱턴과 같이 독립전쟁을 수행한 장교였음을 말하고 있었다.

자신만의 상징을 강조하라

사람들이 링컨 대통령을 자기 이미지에 무심했던 대통령으로 기억하고 있다. 그렇다면 당대인들보다 훨씬 키가 컸던 190센티미터의 거인이 왜 항상 연통煙筒형 모자를 쓰고 다녔던 것일까? 그 모자는 링컨의 키를 강조했고, 검은 양복에 걸친 긴 숄은 링컨의 호리호리한 외형을 강조했던 것이다.

루스벨트의 담배 파이프나 처칠의 시가, 스탈린의 파이프는 제2차 세계대전을 통해서 사람들에게 널리 알려진 상징이다. 영국 대사관 앞에 있는 처칠의 동상은 손에 시가를 들고 있는 모습에서 전쟁 당시 총리였던 그를 느낄 수 있다.

최근 워싱턴에 세워진 프랭클린 루스벨트 기념상은 대공황이나 제2차 세계대전 당시 탁월한 지도력으로 국가를 경영한 대통령의 이미지와는 너무 동떨어진 느낌이다. 이 동상은 루스벨트가 휠체어를 타고 있는 모습이다. 게다가 사람들이 사진과 기록영화를 통해 익히 알고 있는 그 명랑하고 쾌활한 웃음은 어디론가 사라지고 피곤에 지쳐 신경질적인 인상마저 풍긴다. 그의 파이프에는 소위 '정치적으로 올바른politically correct' 것이라는 이유에서 담배도 없다.

　루스벨트 기념회에서는 대통령이 점자에 대해 한 말을 유명 프로 농구선수가 점프를 해도 닿지 못하는 높이에 새겨놓고 그가 장애인이었다는 것을 강조하고 있다. 더 이상한 것은 대통령의 인용문 20개 가운데서 '영원히 치욕으로 남을 날'이라는 그 유명한 진주만 공습 연설은 일언반구조차 언급되지 않았다는 것이다.

휠체어를 탄 루스벨트의 동상 건립에 대한 논란은 루스벨트가 생전에 장애가 공개되는 것을 원치 않았다며 휠체어 동상을 건립할 수 없다는 기념관 측과 그가 살았던 실제 모습을 표현해야 한다는 장애인 단체의 주장이 엇갈려 벌어졌었다. 6여 년을 끌었던 이 논란은 클린턴 대통령 정부 때 포드, 카터 등 전직 미국 대통령들과 의회 지도자들이 장애인 단체의 견해에 동조하면서 동상 건립 의견이 대세를 이루었다. 동상은 2001년 1월 10일 제막되었지만, 필자는 동상 건립 반대쪽 의견을 고수하고 있다. — 역자 주

매력적인 스타일을 연출하라

　미국의 장년층들은 루스벨트가 휠체어에 앉아 있는 사진을 본 적이 없다. 루스벨트는 국민들에게 강인한 인상을 주고자 했기에 기자들에게 휠체어에 앉은 모습의 촬영을 허락하지 않았다.

프랭클린 루스벨트는 1924년 민주당 대통령 후보였던 스미스 주지사를 지원하기 위해 텅 빈 매디슨 스퀘어 가든에 미리 도착하여 연단 바로 뒤에 휠체어를 타고 자리를 잡았다. 민주당원들이 오하이오 주의 부지사 후보로 자신을 선출했던 4년 전만 해도 그는 건강하고 튼튼한 사람이었다. 루스벨트는 당원들에게 휠체어를 타고 연단에 올라서는 모습을 보이고 싶지 않았다. 자신의 차례가 오자 루스벨트는 재빨리 연단 위로 뛰어올라갔다. 사람들의 박수갈채 속에서 루스벨트는 식은땀을 흘리며 몸을 가다듬고 있었다. 그 정도로 루스벨트는 자신의 이미지를 중시했다.

윈스턴 처칠도 루스벨트와 같이 타고난 배우였다. 처칠은 부친에게서 물려받은 금시계 줄을 목에 걸고 군청색 줄무늬 쓰리피스 양복을 입고 다녔다. 넥타이는 푸른 눈을 돋보이게 하는 청색 물방울 무늬였으며, 와이셔츠 소매 끝동은 영국 왕

> 처칠은 연설문을 낭독할 때는 두꺼운 검은 뿔테 안경을 썼고 왼손에 시가를 들고 오른손은 승리의 V 자를 그리곤 했다.

실 문양이 금색으로 수놓아져 있었다. 그리고 가슴주머니에는 늘 깨끗한 흰 손수건이 꽂혀 있었다. 유난히 돋보였던 모자는 런던의 유명 재단사가 만들어준 맞춤형 중절모였다.

제2차 세계대전 이후 가장 위대한 영국 총리였던 마가렛 대처는 유난히 외모에 집착했다. 일주일에 한 번씩은 꼭 머리손질을 했고, 늘 단정한 맞춤 정장을 입었으며, 왼쪽 옷깃에는 고아古雅한 브로치를 꽂았다. 그녀는 칙칙한 남성 각료들 틈에서 어둠을 밝히는 별빛 같은 존재였다. 그녀는 여성 각료를 임명하지 않았다. 집무실이나

사진에 등장하는 여자는 자기 하나로 족하다고 생각했기 때문이다. 대처는 핸드백과 단아한 목소리를 무기로 각료들을 자신이 가르치고 키우는 학생이나 아이들처럼 만들었다.

그녀의 핸드백은 처칠의 시가와 같았다. 최근 경매에서 대처 총리의 핸드백 가격이 무려 15만 달러였다. 반대파들은 '총리가 핸드백으로 장관들의 기를 꺾어놓고 회의를 시작한다.'고 비난했다.

이 말은 틀린 말이 아니었다. 부처 장관들이 각료회의 때문에 총리의 집무실에 도착하면 총리는 없고 대신 테이블 위에 큰 핸드백이 놓여 있곤 했다. 핸드백을 보고 그 누구도 입을 열 엄두를 내지 못했다. 장관들은 핸드백만 보고도 주눅이 들었던 것이다.

고유한 스타일로 차별화를 구현하라

오찬 모임에서 강연을 하거나 업무회의를 주재할 때 혹은 연말 시상식에 초대될 때라면 누구나 할 것 없이 스타가 된다. 그 순간에는 누구나 평상복이 아니라 자리에 걸맞은 옷을 입어야 한다. 처칠은 이런 자리에서 군청색 줄무늬 맞춤복을 입었는데, 뒤쪽 객석에서도 눈에 띄는 옷이었다.

옷에 당신만의 특징을 살릴 수 있는 상징물을 착용해보라. 예를 들어 나비넥타이나 빨간 조끼 같은 것 말이다. 가슴주머니의 손수건과 같은 밤색 넥타이가 잘 어울릴 수도 있겠다.

미국에서 여성 대통령 후보로 처음 지명된 상원의원은 늘 붉은 카네이션을 주머니에 꽂고 다녔다. 재클린 케네디 여사는 항상 테 없는 모자를 썼다.

격자무늬 넥타이를 10개 정도 가지고 있던 CEO도 있었는데, 이 사람은 사람들 앞에 설 때마다 넥타이를 갈아치웠다.

그렇다고 미국의 민주당 의원이자 클린턴 전 대통령의 부인인 힐러리 클린턴처럼 매번 달라지는 헤어 스타일을 뽐내지는 마라. 단순하지만 일관성 있는 스타일을 찾으라. 은발의 부시 여사가 선택했던 하얀 진주 목걸이를 참고하면 좋겠다. 그 후에 자신의 고유한 스타일로 만들라. 스타일이 바로 당신이다.

> 고유한 스타일을 만들라. 스타일이 바로 당신이다.

청결은 기본이다

구두 손질이나 손톱 손질과 같은 자잘한 부분에 신경을 쓸 필요가 없다고 생각할 사람도 있을지 모르겠다. 그래도 구두는 닦고 옷은 다리고 손톱은 손질하는 것이 좋다. 대통령도 이런 세세한 일에 신경을 썼다.

어떤 장관이 급하게 결정해야 할 사안이 있어서 링컨의 집무실로 들어왔다. 그때 링컨은 어떤 목사와의 면담을 앞두고 구두를 닦고 있었다. 이 모습을 본 장관은 화들짝 놀라 "대통령님, 지금 구두를 닦고 계시는 겁니까?"라고 물었다.

"그럼 내가 뭘 하는 거겠소?"

링컨은 태연하게 대답했다.

어느 재보험회사 간부가 필자에게 해준 말이 있다.

"제아무리 배경 좋고 학벌 좋은 사람이라도 구두도 닦지 않고 손톱도 다듬지 않는다면 채용할 수 없는 것 아닙니까?"

상황에 맞는 차림을 하라

활동적인 근무복은 고객에게 제품 설명을 할 때, 방문판매를 할 때, 혹은 내부회의 중 시장분석 자료를 브리핑할 때 필요한 옷이다. 그때 당신은 시선을 받는 것보다 누군가를 돋보이게 도와주어야 한다. 지나치게 튀는 의상으로 사장이나 간부들의 신경을 건드리지 말아야 한다. 비싼 유명 메이커의 옷으로 치장할 필요도 없다.

활동성을 강조한 근무복

근무복으로는 튀는 옷보다 무난한 옷이 좋다. 회색이나 청색 계통의 쓰리피스 정장보다는 투피스 정장이 낫다. 그리고 어깨가 너무 넓지 않은 것으로 연한 줄무늬 옷이 바람직하다.

나비넥타이는 금물, 일반 넥타이를 매고 윤기가 번쩍이는 구두보다는 암갈색이나 검은색 가죽 구두가 좋다.

어떤 CEO가 말한 대로 '제일 원만하고 겸손한 느낌을 주는 흰 와이셔츠'를 입으라. 최소한 다섯 벌의 와이셔츠가 있어야 한다. 일반 와이셔츠도 좋지만 단추가 달린 소매에 깃이 빳빳한 와이셔츠라면 금상첨화겠다. 셔츠 소매 끝동은 장식용이 아닌 접히는 것이 낫다.

남색藍色의 일반 와이셔츠도 무난하지만 황토색 셔츠는 피하라. 이 색깔은 고어 부통령 비서들이 온화하고 부드러운 이미지를 연출하려고 선택했던 색깔이지만 결과가 신통치 않았다.

최근 유행하는 초록색과 군청색 넥타이나 셔츠는 절대 피하라. 당신은 일하는 사람이지 연예인이 아니다. 만찬이나 연주회에 유명 디자이너의 손수건을 꽂고 가지 마라. 당신은 사회자가 아니다. 스포츠 재킷은 운동할 때나 입는 옷이지 회의석상에 어울리는 옷은 아니다.

그러면 LA 같은 서부 해안 도시에서는 보편화되었지만 '캐주얼' 복장은 괜찮은 것일까?

전통적 우량 기업의 한 간부가 본사를 하와이로 이전한 뒤 필자에게 이런 말을 남겼다.

"교수님, 우리 회사 직원들에게 넥타이를 착용하라는 말을 한 번도 하지 않았습니다. 우리 고객들은 정장을 하는 분들이 아니거든요."

활동적인 근무복을 입으라는 말은 아무 옷이나 입어도 된다는 뜻이 아니다. 깨끗하고 간편한 복장으로 활기차고 신선한 느낌을 전달할 수 있으면 된다.

일하는 여성에 알맞은 차림

사람들은 남자보다 여자들의 의상에 더 민감한 반응을 보이기 때문에 여성 간부들은 의상에 보다 더 세심하고 신중해야 한다. 수많은 의상과 패션이 있을뿐더러 그 스타일은 늘 변화한다.

여성용 의상에 알맞은 모델로 '3D', 즉 다이애나Diana 왕세자비, 미국 ABC 방송국의 앵커우먼인 다이앤 소여Diane Sawyer, 미국 상원의원 밥 돌의 부인인 엘리자베스 돌Elizabeth Dole을 참고해 봄직하다. 그들은 화려한 색상이나 난삽한 디자인의 옷을 입지 않고 파스텔 색상이나 단순한 디자인의 맞춤복을 입었다. 이런 의상들이야말로 일하는 여성이라는 인상을 심어준다.

금목걸이나 진주목걸이, 헤어밴드나 스카프같이 간단한 액세서리는 여성들의 의상에 포인트를 준다. 보석을 주렁주렁 매달고 다니지는 말라. 남이야 손가락에 몇 개의 반지를 끼건 무슨 상관이냐고 대꾸할 수도 있겠지만, 그렇게 하고 다니면 틀림없이 일하기에는 불편하다.

구두는 다이애나 비妃의 충고에 따르라. 그녀는 미국 여성들의 패션에서 가장 큰 문제점이 구두라고 했다.

너무 번드르르하고 굽은 너무 높아요. 신발이 유난히 돋보이면 전체적인 밸런스가 깨지죠.

붉은 옷이나 흰 옷에 흰 구두를 신고 다니는 여성들이 있다. 자유분방한 느낌을 줄 수 있을지는 몰라도 차분한 느낌은 들지 않는다. 굽이 7.5센티미터나 되는 힐에서 프로다운 멋을 기대하기는 어렵다.

당신이 만찬석상의 주인공이 되더라도 마돈나나 돌리 파튼의 의상은 절대 입지 말라. 그런 의상은 가리는 데는 별로 없고 보이는 곳은 너무 많다. 이렇게 야한 의상은 일반적인 옷과는 너무 동떨어져 있다. 영화「에린 브로코비치」에서 줄리아 로버츠가 이런 옷을 입고 성공한 것은 영화였기 때문에 가능한 일이다.

의상으로 프로 이미지를 연출하라

앞서 언급했던 여성의 의상을 보면 고전적 의상이 강인한 인상을 심어주고 있다는 것을 알 수 있다.

이것은 의상뿐 아니라 화장에도 적용된다. 짙은 화장과 화려한 헤어 스타일로 치장한 여성들이 사업에서 성공한 예는 극히 드물다.

첫인상이 좋지 않은 여성들의 차선책은 나쁜 인상이라도 주지 않는 것이다. 어느 기업의 여성 변호사는 이렇게 말했다.

> 의상이 당신을 프로로 보이게 한다. 역사적인 명사들이나 본보기가 될 수 있는 인물을 모델로 삼아 권위를 갖추라.

저는 기초 화장을 했어요. 왜 화장하지 않는 것 같은 화장 있잖아요. 그리고 머리는 젤gel을 발라서 고슴도치처럼 빳빳하게 세웠죠.

화장은 덜 할수록 좋다. 머리 모양은 당신이 손질한 것처럼 보이면 된다. 붉은 매니큐어가 눈요기는 되겠지만 결국 외면당한다. 말을 하다 보면 손동작이 뒤따라오게 마련이다. 기다랗고 붉은 손톱은 당신이 전달하려는 메시지를 방해한다.

외모에 추파를 던지도록 틈을 보이지 말아야 한다. 야하게 화장을 하고 애교를 떨지 않아도 아름답게 보일 수 있다.

미국의 자연친화적인 사상의 주창자로 근검절약을 실천했던 자연주의자 헨리 소로Henry D. Thoreau 같은 사람은 '새 옷이 필요한 일은 하지 말라.'고 경고했지만 대중적으로 성공하려면 자기 사업이나 경력에 맞게 옷을 입어야 한다. 의상이 당신을 프로로 보이게 한다. 역사적인 명사들이나 본보기가 될 수 있는 인물을 모델로 삼아 권위를 갖추라.

요점을
명확히 한다

목적을 명확히 말하라.
— **윌리엄 셰익스피어**

필자는 아이젠하워 정부의 임기가 끝나는 마지막 달부터 대통령의 간단한 연설문을 쓰기 시작했다. 1930년대에 맥아더 장군의 연설문을 썼던 아이젠하워는 초보 연설문 작가가 아니었다. 1948년에 대필 없이 쓴 『유럽에서의 십자군전쟁 *Crusade in Europe*』이라는 자서전이 베스트셀러가 되기도 했다. 어느 날 아이젠하워 대통령은 필자를 집무실로 불렀다. 대통령은 자리에 앉아 있었다. 대통령은 안경을 책상 위에 내려놓고 큰 소리로 말했다.

자네 논지論旨가 뭔가?

논지라뇨, 대통령님?

주장 말이야, 주장. 자네가 하고 싶었던 말. 자신이 무슨 말을 하려 했는지 모르나? 요점이 뭐냐 말이야. 자네는 연설이 다 끝나고 사람들이 어떻게 움직이기를 바라나? 그걸 모르고 연설문을 쓰면 자네는 자네 시간과 내 시간을 낭비하고 있는 것이지.

요점 전달에 집중하라

백악관의 연설문 작가 프레드 폭스Fred Fox는 '타이핑하기 전 머릿속에 요지要旨가 들어 있어야 한다.'라고 했던 아이젠하워의 말을 들려주었다.

먼저 자기의 논점을 알고 발표나 강연에 임해야 한다. 조찬 모임에서 투자가와 만나기 전에 투자가에게 말할 핵심 메시지를 찾으라.

윈스턴 처칠은 1937년 런던의 한 아파트에서 열린 조촐한 만찬에 가고 있었다. 만찬에는 보수당의 핵심 인사들이 초대되었다. 운전기사는 목적지에 다 왔는데도 처칠이 내릴 생각조차 하지 않자 난감해하며 "총리님, 다 왔습니다."라고 말해주었다.

"잠시 기다리게나. 즉흥 연설을 해야 되는데 무슨 말을 할까 고민 중이네."

처칠은 언제나 자신이 주장하는 바를 명확히 하고자 노력했다. 수적으로 우세한 독일 전투기에 맞서려면 아군 전투기의 생산 확대가 불가피함을 설명해야 할 때에도 자신이 말하고자 하는 요지가 상대에게 정확하게 꽂히게 할 수 있는 방법을 고민하였다.

처칠은 먼저 '평화는 전쟁을 대비함으로써 얻어지는 것이다.'라는 워싱턴의 고별 연설문을 인용하고 영국이 전투기 생산에 총력을 기울여도 당시 독일 전투기 수를 따라잡으려면 최소 5년은 걸린다는 통계수치로 말문을 연 후, 베를린 동물원에 관한 우화를 들려주었다.

그 동물원의 우리에는 사자와 양이 평화롭게 공존하고 있었습니다. 그 때문에 관람객들이 부지기수로 모여들었습니다. 어떤 영국 관람객이 관리원에게 물어보았습니다.

"저렇게 온순한 사자를 어떻게 구하셨습니까?"

"사자를 구하기는 어렵지 않습니다. 양이 문제지요. 매일 아침 새 양을 우리에 집어넣어야 되거든요."

이 우화는 처칠이 나치의 야만성을 경고하기 위해 만들어낸 이야기였다.

호소력 있는 메시지의 비결

로마 원로원의 웅변가였던 카토Cato가 웅변을 잘하는 비결에 대해 질문을 받았다.

먼저 메시지를 명확히 하십시오. 그러면 나머지 말들이 저절로 떠오르게 마련입니다.

1950년대에 영국 총리가 된 해롤드 맥밀란Harold Macmilan이, 1925년 하원에서 첫 연설을 마친 후 자신의 연설을 들은 소감을 처칠에게 물어본 적이 있었다.

해롤드, 자네는 연단에 오를 때도 무슨 말을 해야 할지 몰랐고, 연설 도중에는 무슨 말을 하고 있는지 몰랐고, 연설이 끝났을 때는 무슨 말을 했는지 몰랐어.

처칠은 강연이란 전달하려는 메시지에 맞게 구성해야 함을 말하고 싶었던 것이다. 처칠은 초점 없는 강연에 대해 냉소적이었다. 처칠은 강연에 관한 논평을 요구받았을 때 이렇게 말했다.

말은 많았지만 자기 주장이 있는 말은 없었습니다.

자신이 하고 싶은 말을 찾기 위해서는 자기 철학이 있어야 한다. 처칠은 자기 철학이 없는 강연자에 대해 이렇게 말했다.

나는 되는 대로 말을 내뱉는 사람들을 경멸할 수밖에 없습니다.

벤자민 프랭클린도 비슷한 말을 했다.

알맹이 없는 말의 홍수 속에서 저희를 구하소서.

논리 없는 사람들을 비판하는 사람은 많다. 하지만 자신을 비판하고 논리를 갖추려는 사람은 드물다.

잠시 생각을 정리하고 치밀하게 기획하라

어렸을 때 우리는 길을 건너기 전 일단 '멈추고 주위를 살피고 귀를 기울이라. stop, look, and listen'라는 교육을 받았다. 상대방에게 당신의 의견이 외면당하지 않으려면 '잠시 생각을 정리하고 치밀하게 기획하라. stop, think, and plan'라는 말을 기억하라. 자신이 전달하려는 메시지의 요점이 무엇인가? 먼저 그것에 집중하라는 의미이다.

고대 아테네의 위대한 웅변가 데모스테네스 Demosthenes는 어떤 연설이 훌륭한 것인지 파악하는 방법을 세 가지만 가르쳐 달라는 말에 '주제, 주제, 주제'라고 반복했다. 그는 연설이 끝난 후

> 당신 말이 무시당하지 않기를 바란다면 전하려는 바를 다시 한 번 생각하고 치밀하게 기획하라.

청중들이 어떤 반응을 보일지 예상해보고 그에 따라 논리를 재구성해야 한다고 충고했다. 논지를 강화하기 위해서는 풍부한 사실과 사례를 조사해야 하지만, 그 전에 먼저 자기 논점이 무엇인지 파악

하고 있어야 한다.

음악을 연주하듯 말하라

처칠은 연설이란 교향악과 같다고 했다. 연설은 교향악처럼 모두 3악장으로 이루어졌고, 각 악장에는 중심 테마가 있다. 처칠은 가끔 베토벤의 제5교향곡「운명」의 중심 리듬인 '바, 바, 바, 밤'을 큰 소리로 따라 부르기도 했다. 처칠은 이 네 개의 음이 모스 기호로 승리의 브이V 자를 뜻했기에 이 교향곡을 좋아했다. 처칠은 베토벤이 제5교향곡을 작곡하기 전에 이미 머릿속에서 그 악보가 메아리치고 있었을 것이라고 생각했다.

> 처칠은 연설이란 교향악과 같다고 했다. 연설은 교향악처럼 모두 3악장으로 이루어졌고, 각 악장에는 중심 테마가 있다.

언어도 이와 마찬가지다. 필자는 예전에 포드 대통령의 회고록을 집필하는 데 관여한 적이 있었다. 회고록의 원제목은 '어깨를 펴고Straight from the Shoulder'였지만 필자는 성경책을 인용해서 '치유의 시간A time to heal'을 제안했다. 그리고 필자의 제안에 다음과 같은 근거를 덧붙였다.

대통령님, 대통령님께서는 전쟁의 상처와 워터게이트 사건, 병든 경제를 치유하셨습니다. 그것을 주제로 삼으십시오. 자서전은 연대기적으로 사건을 나열하는 책이 아닙니다.

보이스카우트, 미시간 주 최고의 호위병, 태평양 함대의 구축함 장교, 정치에 갓 입문한 하원의원, 소수당 지도자, 부통령, 대통령 등 어떤 경험담에서나 대통령님이 늘 사건의 중재자, 이해관계의 조정자, 그리고 상처의 치유자였음을 전달하십시오.

한 가지에 초점을 맞춰라

필자는 1999년 11월 처칠의 조부가 회원이었던 런던의 비밀 클럽인 벅스 클럽에서 윈스턴 처칠과 관련된 인사로 초대되었다. 그곳에서 필자는 후식으로 러시안 푸딩을 주문했다. 그런데 처칠의 손자인 주최자가 만류했다.

선생님, 저희 할아버지는 이곳에서 러시안 푸딩을 맛보더니 '웨이터, 이 푸딩을 취소하겠소. 도무지 무슨 맛인지 모르겠군요.'라며 도로 가져가라고 하셨습니다.

처칠은 푸딩이건 연설문이건 아무 '맛'이 없는 것을 싫어했다. 이를 막기 위해서는 사전에 충분히 맛을 내는 방법밖에는 없다. 이미 먹고 있는 음식에 맛을 낼 수는 없다.

몇 년 전 필자는 비슷한 말을 들었다. 펜실베이니아 주의회에서 근무할 때 의회 아침 개회식 기도를 드린 목사와 함께 점심을 먹으러 간 적이 있었다.

"목사님, 참 훌륭한 기도였습니다."

"감사합니다만 제가 원래 하고 싶었던 기도는 그게 아니었습니다."

"그게 어떤 기도였습니까?"

"오 하느님, 저희에게 생각하는 정신과 말하는 입을 주셔서 찬양하오니 부디 저희의 정신과 입이 따로 놀지 않도록 도와주시옵소서."

강연이나 발표, 기업 간담회에서 드러나는 문제점은 보통 화자話者가 자신의 논점을 제대로 정립하지도 않은 채 말을 꺼내는 것이다. 펜실베이니아 주의원 재직 당시에 필자는 동료 의원의 조언을 받았던 적이 있다. 필자는 정기 의회가 끝난 어느 날 한 기업가가 주최한 모임에 초청되어 강연할 기회가 있었다. 필자가 상정한 주립대학 설립법 등을 비롯하여 실직자보상법 개정안과 고속도로 건립 방안 등 주요 법안을 빨랫감 목록처럼 쭉 나열하며 설명해 나갔다. 그때 어느 상원의원이 한쪽 옆으로 필자를 데리고 나갔다.

제임스 의원, 의원이 제일 원하는 게 뭐였죠? 전문대학 설립이었지요? 그러면 그걸 말하셔야죠. 아시다시피 저는 고속도로 건립 법안에 대해 말했습니다. 펜실베이니아에 고속도로를 건설하여 산업을 번창시키는 것이 늘 제가 꿈꿔 왔던 일입니다. 그래서 다른 법안들은 짧게 질문과 답변 형식으로 설명한 거구요. 의원도 그렇게 해보십시오. 의원이 올린 주립대학 설립 법안과 함께 우리 젊은이의 미래에 대해 열정적으로 한번 강연해 보세요.

그제야 필자는 여러 주제를 나열하기보다 단일한 주제에 초점을 맞춰야 한다는 것을 깨달았다.

누구에게 하는 말인지 생각하라

'천릿길도 한 걸음부터'라는 속담이 있다.

그 첫걸음은 자신의 목적지가 어디인지 파악하는 것이다. 당신의 목적지는 어디인가? 비용 감축을 위해 시장조사를 다시 하자는 것인가, 아니면 판매율을 신장시키자는 것인가?

먼저 자신이 상대할 대상이 누구인지 파악하라. 어느 수프회사의 사장이 회사의 간부들을 오찬 모임에 초청했다. 영업부장·판매부장·홍보부장·회계부장 등 모든 간부가 참석해서 회사의 이윤 증대를 위해 갖가지 아이디어를 냈다.

> 목적지가 정해지면 모든 말이 그 방향으로 진행되기 마련이다.

사장은 간부들의 다양한 의견을 듣고 나서 자기 조카 이야기를 들려주었다.

베트남전쟁에서 부상당한 젊은 해군이 아내에게 보낼 편지를 간호사에게 구술하여 적게 했습니다. 도중에 이 해군은 "여기 간호사들은 조금 못생겼어."라고 말을 했습니다. 편지를 적어 내려가던 간호사가 기분이 상해 끼어들었습니다.

"말이 좀 지나치시네요?"

해군이 그녀에게 말했습니다.

"내가 지금 누구에게 편지를 쓰고 있는지 한번 생각해보세요."

사장은 '먼저 우리의 기본 고객이 누구인지부터 파악해야겠군요.'라고 덧붙였다.

벤자민 프랭클린은 그 설득 대상에 따라 말을 달리했다. 그가 어느 파산한 비누회사를 인수해서 되살린 적이 있었다. 그 회사의 광고 카피는 '닳지 않는 비누'라는 다소 과장된 표현이었다. 프랭클린은 비누를 소비하는 주고객이 여성이라는 것을 파악했고, 광고문을 '손을 가꾸는 프랭클린 비누'라고 바꿨다. 그러자 대박이 터졌다. 프랭클린은 주고객이 누구인지 이미 파악한 상태에서 회사를 인수했던 것이다.

의미 없는 말을 삼가라

셰익스피어는 『햄릿』에서 '의미 없는 말을 지껄이는' 사람들을 비

54

난했다. 대화를 시작하기 전에 자신에게 먼저 질문을 던져보라. 투자가와 식사를 할 때 무슨 말을 할 것인가? 영업판촉팀에게 전할 메시지는? 최종 목적지가 어디인지 분명히 하라. 그리고 그 목적지에 맞게 말을 조율하며 항해하라.

의미를 압축한 간결한 말로
강한 인상을 남긴다

좋은 강연이 간결하기까지 하다면 그 효과는 배가된다.
— **세르반테스**

언젠가 레이건 대통령이 제일 감명을 받았던 설교에 대해 이야기한 적이 있다. 소년 시절 그는 일리노이 주의 딕슨에 살았었는데, 그해 가장 무더웠던 어느 날 예배 때의 일이다.

딕슨광장에 있는 남북전쟁 기념관 계단은 달걀을 놓으면 그대로 익을 만큼 뜨겁게 달아올랐고, 후텁지근한 날씨 때문에 사람들의 몸에서 땀이 비 오듯 쏟아지고 있었습니다.

설교 시간이 되자 단상에 올라선 목사님이 신도들을 내려다보았습니다. 목사님은 밑을 가리키며 "저기 아래쪽이 더 덥군요."라고 말하며 곧장 단상에서 내려왔습니다. 그 말이 설교의 전부였습니다.

짧게 말하는 것이 효과적이다

'적을수록 많아진다.'라는 말은 건축과 패션 분야에서 흔히 인용되는 금언이다.

레이건 대통령이 백악관에 입성하면서 처음 한 일은 창고에서 잠자던, 미국의 제30대 대통령인 캘빈 쿨리지Calvin Coolidge의 초상화를 꺼내 1층 정면 중앙에 걸어놓은 것이다. 레이건은 이 선배의 간결한 대화 스타일을 본받고자 했다.

쿨리지 대통령은 돈 낭비 못지않게 말 낭비를 싫어했다. 얼마나 말이 없었던지 별명도 '과묵한 캘Silent Cal'이었다.

> '적을수록 많아진다.' 라는 말은 목사나 대통령들이 언어적 기반을 쌓을 때 가장 중시하는 금언이다.

워런 하딩 대통령이 1924년 갑자기 서거하자 당시 부통령이었던 쿨리지가 대통령에 취임했다. 과묵했던 쿨리지는 말이 많았던 것을 스스로 인정한 하딩과 뚜렷한 대비를 이루었다.

예배에 참석한 후 어떤 기자와 쿨리지가 다음과 같은 대화를 나눈 적이 있었다.

"대통령님, 목사가 설교한 내용이 무엇이었습니까?"
"죄였습니다."
"목사가 죄에 대해서 뭐라고 말하던가요?"
"반대한답디다."

쿨리지가 얼마나 말을 짧게 했는지를 보여주는 사례는 또 있다.

백악관 관광을 위해 줄을 서 있던 여자가 대통령을 보고 급하게 뛰어왔다.

"대통령님, 제가 남편과 내기를 했는데 대통령님이 두 마디 이상은 하실 거라는 데 걸었거든요."

쿨리지가 대답했다.

"부인이 졌네요."

물론 단 두 마디만으로는 본뜻을 전할 수 없을뿐더러 바람직하지도 않다. 하지만 장광설을 늘어놓는 것보다는 의미를 압축한 간결한 몇 마디가 오히려 더 효과적이라는 것을 명심하라.

트루먼은 자신이 제일 좋아하는 대통령으로 미국의 제11대 대통령 제임스 포크James Polk를 꼽았다. 왜 그러냐고 물었을 때 트루먼은 그의 취임사를 예로 들었다.

1845년 4월 국회의사당 앞에는 수많은 군중이 신임 대통령 포크의 취임 연설을 듣기 위해 모여 있었다. 바로 4년 전, 전임 대통령 윌리엄 헨리 해리슨은 장장 세 시간이 넘는 긴 취임사를 했었다. 공교롭게도 이 대통령은 병을 얻어 서거했다. 이 때문에 사람들은 포크 대통령의 취임 연설이 그렇게 짧았던 것이라고 농담하기도 했다.

그의 취임 연설은 단 3분 만에 끝났다. 그는 대통령의 임무와 함께 텍사스 병합, 세금 감면, 국립은행 폐지, 영국과의 오리건 주 영토

분쟁 해결 등 이행할 공약을 군더더기 없이 말했다. 포크는 4년 임기 중에 이 문제를 다 해결했다. 그래서 트루먼은 포크를 사상 최고의 대통령으로 인정했던 것이다.

상대방은 지루하다

지도자는 사람들에게 충격을 줄 때도 있어야 한다. 지루한 장광설을 예상하고 있던 사람들을 앞에 두고 단 5분 만에 연설을 끝낸다면 그 충격은 이루 말할 수 없을 것이다.

역사상 최고의 명연설은 링컨의 게티즈버그 Gettysburg 연설일 것이다. 연설 시간은 단 2분이었다. 그날의 주연은 링컨이 아니라 에드워드 에버렛 Edward Everett이었다. 에버렛은 당대 최고의 연사였으며, 그의 연설료는 오늘날 돈으로 환산하면 10만 달러에 이를 정도였다. 그렇지만 오늘날 사람들이 기억하는 말은 두 시간에 걸친 에버렛의 연설이 아니라 너무나 간결한 링컨의 몇 마디 — 국민의, 국민에 의한, 국민을 위한 정부 — 이다.

간결함에는 파워가 있다. 짧은 몇 마디가 지루한 연설보다 훨씬 효과적이다.

간결한 말은 기억하기 쉽다. 처칠의 연설 중에서 가장 많이 인용되는 말은 그가 '신통치 않은' 성적으로 졸업한 해로우 스쿨 Harrow School에서 했던 단 1분간의 연설이었다.

교장은 처칠이 40년 동안 이룩했던 수많은 업적들을 장황하게 열거하며 처칠을 소개했다. 학생들은 점점 지루함을 느끼게 되었다. 마이크를 잡은 처칠이 한 학생을 지목하며 연단 아래로 내려왔다. 학생 옆에 선 처칠은 단 한 문장으로 연설을 끝냈다. 처칠은 잠시 그에게 속삭이고는 큰 소리로 외쳤다.

"대의와 상식이 허락되는 한 결코, 결코, 결코 포기하지 마십시오."

그때 처칠은 머릿속에 밸푸어 경을 떠올렸을지도 모른다. 밸푸어 경은 1917년 이스라엘에 관한 밸푸어 선언의 작성자였다. 당시 영국 외무장관이었던 밸푸어 경은 휴스턴에서 처칠과 비슷한 상황을 경험했다. 길고 지루한 소개가 끝나고 "이제 밸푸어 경이 연설을 하시겠습니다."라는 말이 나왔다. 연설address이라는 단어는 주소의 의미도 있다.

신사숙녀 여러분, 저의 집 주소는 런던 칼튼 가든 15번지입니다.

그리고 바로 자리에 앉았다.

간결한 몇 마디가 때로는 모든 것을 말해준다. 다음과 같은 경우가 바로 그러한 예이다.

런던의 어떤 클럽 가입식에서 있었던 일이다. 그 클럽은 의장이 임의로 모자 안에 섞인 카드를 뽑아 신입회원들이 그 카드에 쓰인 주제에 대해 연설하는 절차가 있었다.

처칠의 차례가 되어 나온 카드에는 '섹스'라는 말이 쓰여 있었다.

처칠은 그 카드를 잠시 쳐다보다가 목소리를 가다듬으며 말했다.

"섹스는……(잠시 쉬더니) 제게 크나큰 기쁨이 아닐 수 없습니다."

아이젠하워가 컬럼비아대학 학장으로 있던 1949년, 오찬에 초대받았을 때의 일이다. 이미 세 명의 연사가 연설을 하고 난 후에 아이젠하워의

> 지루한 연설을 듣는 것은 마침표 없는 책을 읽는 것과 같다.

차례가 돌아왔다. 세 사람이 어찌나 연설을 길게 했던지 조금 있으면 날이 샐 지경이었다. 드디어 아이젠하워에 대한 소개가 끝났다.

글로 쓰였든 아니든 모든 연설에는 마침표가 있어야 합니다. 오늘밤에는 제가 마침표가 되겠습니다……. 마칩니다.

짧은 말로 반격할수록 효과적이다

짧은 말로 청중의 웃음을 유발하고 강하게 기억되는 메시지를 남겨라. 말이 길다고 권위가 높아지는 것은 아니다.

필자의 아버지는 1938년 펜실베이니아 주의 판사로 출마했다. 경쟁 후보였던 찰리 비델스파커는 30분 동안 연설을 한 후 '11월 4일까지 판단해서 유권자들께서는 저에게 한 표를 행사해 주시기를 바랍니다.'라는 말로 마무리했다.

아버지의 연설이 이어졌다. 그의 첫마디는 이러했다.

맞습니다. 저도 11월 4일 여러분들이 제 좋은 친구 찰리 비델스 파커에게 한 표를 던져주시길 바랍니다. 하지만 11월 5일, 선거일에는 부디 저 샘 흄스에게 한 표를 행사해 주십시오.

필자도 25년 전 공화당 선거인단 선거에서 간결한 문구의 효과를 톡톡히 보았다. 현직 하원의원이었던 상대편은 시종일관 필자를 '뜨내기 정치인'이라고 부르면서, 자신의 선거구에서 아파트를 빌리고 자기와 경선에 붙었다고 비난했다.

그는 15분간에 걸쳐서 장광설을 늘어놓더니, 마지막으로 여성 공화당원들을 향해 '경험도 없고 연고도 없는 이런 뜨내기 정치인을 어떻게 믿을 수 있겠습니까?'라고 물으며 연설을 마쳤다.

필자는 자리에서 일어나, 주머니에서 하얀 서류 한 장을 꺼내 펼쳐 보이며 말했다.

아닙니다. 저는 여기에 연고가 있습니다. 이 서류는 이곳 와일드우드에서 발급한 증명서입니다. 바로 이 서류에는 4대에 걸쳐 저희 집안 식구들이 묻혀 있음을 증명하고 있으며, 하느님께서 허락하신다면 후손들도 이 묘지에 묻힐 것입니다.

예리함은 단호함이다

주어진 시간이 20분 정도라면 그 시간 혹은 그 이상을 꼭 채워야 한다고 생각하는 사람들이 많다. 하지만 그럴 필요는 없다. 15분 분량의 내용을 5분 안에 압축할 수 있다면 오히려 더 뛰어난 리더십을 발휘하는 것이다. 사람들은 당신을 더 예리하고 결단력 있는 지도자로 평가하게 될 것이다.

루스벨트는 이 간결함의 미덕을 잘 알고 있었다. 제2차 세계대전 당시 4선 대통령으로 선출된 루스벨트 대통령은 취임사를 단 3분 만에 끝냈다. 전시戰時에는 한가하게 긴 연설을 할 시간이 없으니, 모두 일터로 되돌아가 하루바삐 전쟁을 종식시키자는 뜻이었다.

미국 제36대 존슨 대통령 때의 부통령이었던 허버트 험프리Hubert H. Humphrey는 루스벨트를 이상적인 인물로 삼았다. 그런데 다른 모든 것은 루스벨트를 본받으려 애썼지만 말하는 습관만은 그렇지 못했다. 어찌나 말이 길었던지 '장광설의 허버트'라는 별명이 붙었다. 험프리는 한번 말을 시작하면 자리에 앉을 줄 몰랐다. 그의 명석함도 말 때문에 빛을 잃었다. 오죽했으면 그 아내가 이런 말까지 했을까.

여보, 그렇게 길게 이야기한다고 이름이 남는 것은 아니에요.

단 한마디로도 자신의 뜻을 전달할 수가 있다. 조지 워싱턴 장군이 제헌의회의 의장이 되었을 때 단 한마디로 의사를 개진했다.

지혜롭고 정직한 사람들이 의지할 수 있는 기준을 만듭시다.

다른 의원들의 긴 연설은 기억에 남지 않았지만, 워싱턴의 이 말 한마디는 미국의 제4대 대통령이자 미국 헌법의 아버지로 불렸던 제임스 매디슨James Madison에게 깊은 인상을 남겼다. 몇 자 안 되는 이 문구가 일련의 토론을 활성화시키는 촉매 역할을 했다.

사람들이 20분 정도를 예상하고 있다면 당신은 메시지를 압축해서 단 한마디로 그 기대를 깨뜨려 보라.

상상력을 자극하라

흥미로운 이야기는 사람들의 상상력을 자극하게 되며 기억에도 오래 남는다. 기업체들을 대상으로 모금 운동을 주도하는 단체의 회장이 있었다. 이 모임의 전 회장들은 기업가들을 대상으로 20분 정도 모금 일정을 설명한 후, '공평한 분배'를 위해 모금에 협조해 달라는 말로 마무리를 지었다. 하지만 이번 회장은 다 생략하고 이런 이야기만을 들려주었다.

여러분, 여기 차트 두 개가 보이시죠? 이 차트만 보시면 모금 액수나 취지를 쉽게 이해하시리라 생각합니다.

대신 저는 오늘 이 자리에서 우리 고향의 어떤 재단사 이야기를 해볼까 합니다. 이 재단사는 유럽 출신의 이민자였습니다. 재단사와 그의 아내가 열심히 일한 덕분에 세 아들은 모두 대학에 진학하고 번듯한 직업을 갖게 되었습니다.

어느 날 재단사는 세 아들을 불러놓고 말했습니다.

"얘들아, 엄마하고 나는 지난 40년 동안 이 도시에서만 살았단다. 우리가 고국에 한번 가볼까 하는데 차비가 없구나. 좀 도와줄 수 있겠니?"

회계사인 장남이 말했습니다. "아버지, 도와드리고 싶지만 제가 지금 좀 입장이 곤란해요. 저희 집 부엌을 새로 바꿔야 하거든요."

변호사인 차남이 대답했습니다. "힘들겠는데요, 아버지. 요사이 요트 한 대를 샀거든요……. 어떻게 할 요량이 없네요."

의사인 막내가 대답했습니다. "아버지, 왜 하필 지금입니까? 어머니께 제가 요즘 플로리다에 콘도를 하나 장만했다고 말씀드렸잖아요. 지금은 도저히 안 됩니다."

아버지가 풀이 죽어 말했습니다.

"얘들아, 너희들도 알다시피 난 엄마한테 결혼반지조차 제대로 마련해준 적이 없단다. 그리고 15달러가 아까워서 혼인증명서도 공증하지 않았어."

세 아들이 이구동성으로 물었습니다. "그래서 아버지가 저희한테 해준 게 뭐가 있는데요?"

"싸구려 인간들을 만들어 놓았지."

오늘 이 자리에 계신 분들은 그런 '싸구려' 인간들이 아니리라 생각합니다.

기발함이란 전혀 예기치 못한 행동을 뜻하는 것이다. 어느 광고회사의 간부가 가장 인상 깊었던 광고로 꼽은 것은 신문 전면全面의 중앙부에 작은 글씨로 쓰인 한 문장이었다고 했다. 신문의 한 면을 전부 사들였지만 활용한 공간은 극히 일부분이었다. 그 충격이란 형용할 수 없다.

전부 먹지 마라

아내 다이앤은 청결과 건강 생활을 위한 열 가지 준수 사항을 만들어 욕실 액자에 걸어놓았다. 필자는 이 규칙을 '다이앤의 십계'라고 부르고 있다. 그 중 한 가지가 '음식을 전부 먹지 말라.'이다.

> 다이어트를 위해서든 연설을 하기 위해서든 다 먹으면 실패한다.

식사가 끝나 갈 즈음 접시에 로스트 비프나 감자조림이 조금 남아 있더라도 억지로 다 먹으려고 하지는 말라는 뜻이다. 아내는 이런 말을 했다.

"어차피 그 다음에 후식이 딸려 나오기 때문에 남은 음식을 다 처리할 필요가 없어요."

이 뜻을 그대로 실천한 어떤 가전회사의 회장이 있었다. 이 회사는 전국으로 지부를 늘리며 나날이 성장해갔다. 매출은 큰 폭으로 늘어났으며 주가는 연일 상승했다. 주주들은 주주총회에서 두 페이

지짜리 회사 재정 상황 보고서를 받아 보았다.

　자리에 앉은 주주들은 회장이 인사말을 끝낸 후 상품의 우수성이나 경영 여건과 현재 상황 등 지루한 이야기를 늘어놓을 것이라 생각하고 있었다. 그러나 이 경영자는 조금 달랐다.

　"주주 여러분, 보고서에 적힌 수치와 전망에서 알 수 있듯이 오늘날 경제계에 몸담고 있는 사람이라면 누구나 지금 저의 말을 지지하게 될 것입니다."

　그는 잠시 말을 멈추고 쉬었다가 더욱 큰 소리로 외쳤다.

　"성장하는 것은 좋은 일입니다."

　이 말을 한 후 그는 엄지손가락을 치켜들었다. 그가 자리에 앉자 우레와 같은 박수가 터졌다.

　주어진 시간에 자기 치적이나 늘어놓는 사람은 불안하다. 자기 확신이 있는 리더는 그렇게 행동하지 않는다. 진정한 리더의 말은 길지 않다.

　연합군 사령관이었던 아이젠하워는 D-데이 하루 전날 밤 많은 말을 하지 않았다. 노르망디 상륙작전을 앞두고 연합군 사령부는 폭풍우 때문에 대책 회의를 열었다. 참모들이 각자 브리핑에 들어갔다. 아이젠하워 장군은 참모들의 브리핑에 귀를 기울였다. 어떤 참모는 비가 그칠 확률을, 다른 참모는 작전 지연에 따른 위험성에 대해, 또 다른 참모는 기상 악화가 상륙작전에 미치는 영향에 대해 보고했다.

　이윽고 아이젠하워가 말을 꺼냈다.

　"승리합시다!"

되풀이하지만 간결한 문구는 기억하기 쉽고 위력이 있다.

간결한 말의 위력을 기억하라

간결함이란 무엇인가? 그것은 긴 말을 대신하는 호소력 있는 메시지이다. 짧은 메시지는 기억하기 편하다. 그리고 지적知的이다. 대중 연설이든 회의석상의 발언이든 간결한 말이 위력을 발휘한다.

경쟁자들을 물리치고 회사의 전문경영인이 된 임원이 있었다. 그는 자신이 현재 위치에 올라설 수 있었던 요인으로 이 간결함을 꼽았다.

그 회사에는 최고경영자와 함께 여러 안건을 토론하는 월간회의가 있었다. 그는 사람들이 자유롭게 토론하는 것을 지켜보며 그들의 의견을 하나하나 머릿속에 담고 있었다. 회의가 종반으로 치달을 무렵이 되어서야 그는 말하기 시작했다.

밥 부장님께서는 탁월한 비용분석을 해주셨고, 빌 부장님도 경쟁사의 현황에 대해서 좋은 지적을 해주신 것 같습니다. 그런데 말씀하신 내용들을 마케팅 차원에서 살펴주시지 않겠습니까?

그의 말은 단 몇 마디였지만, 그 안에는 그때까지 논의한 말들을 모두 포함하고 있을뿐더러 예리한 질문까지 담겨 있었다.

보통 그런 순간이 되면 기업의 최고경영자는 그에게 질문에 대한 대안을 요구했고, 그는 준비된 간략한 답변으로 능력을 인정받았다.

다른 사람들의 말을 귀담아듣고 토론의 핵심을 파악해서 한 가지 질문으로 요약해보라.

> 간결한 말은 상대의 마음속을 더 예리하게 파고든다. 간결한 문장을 구사하라. 능력 있는 리더의 비결이다.

자기암시를 통해
성공 이미지를 키운다

여전히 간청하고 있는 눈빛
— **윌리엄 셰익스피어**

능동적인 말은 당신의 설득에 힘을 실어주는 반면, 수동적인 표현은 줏대가 없으며 무덤덤한 사람으로 만든다.

적극적인 말로 설득하라

1940년 6월 프랑스가 함락되고 영국만이 유일하게 독일군에 대항하던 상황에서 루스벨트 대통령은 측근이자 친구였던 해리 홉킨스 Harry Hopkins와 함께 처칠이 어떤 연설을 하는지 듣기 위해 라디오에 귀를 기울였다.

우리는 해안에서 적들과 싸울 것이며, 우리는 상륙지에서 적들과 싸울 것이며, 우리는 도심과 구릉에서 적들과 싸울 것입니다. 우리는 절대 항복하지 않을 것입니다.

루스벨트는 홉킨스를 바라보며 말했다.

이봐 해리, 그놈의 영감이 총리로 있는 한 영국은 절대 항복하지 않을 것 같군. 영국을 지원하는 것은 프랑스같이 쓸모없는 곳에 투자하는 것과는 다른 거지.

처칠의 발언으로 영국은 적군의 침입을 확실히 방어할 수 있을 것이라는 믿음을 심어주었고, 미국은 그 연설로 인해 중립적 입장에서 돌아서 영국에 군대를 파병했다.

유럽에서 파시즘이 대두할 무렵 대외불간섭 정책을 폈던 네빌 체임벌린 총리는 제2차 세계대전이 발생하고 1940년 노르웨이 작전의 실패로 인해 총리직에서 물러났다. 1940년 5월 그가 사임하자 세 개의 정당 연합이 보수당의 자리를 대신했다. 총리 후보는 처칠과 노동당의 클레멘트 애틀리 중 한 명으로 압축되었다.

처칠은 애틀리를 '너무 많은 것에 신중한 사람'이라고 평했다. 처칠의 한 측근은 애틀리가 참전을 결정하는 연설을 한다면 수동적인 말로 표현할 것이라고 예상했다.

해안 경계선에 대한 방위가 지속되어야 할 필요가 있습니다.

만약 영국의 참전 결정이 이런 수동적 표현으로 이루어졌다면 과연 루스벨트가 그때까지의 중립을 깨고 참전을 선언했을까?

로널드 레이건이 '커뮤니케이션의 대가'였다면, 벤자민 프랭클린은 '설득의 대가'였다고 할 수 있다.

한마디 말로 투자를 유치한 프랭클린

미국에서 제일 넓은 펜실베이니아의 조 모턴 대표가 독립선언서에 서명할 결정을 확정짓지 못하고 망설이던 때였다. 프랭클린은 그를 찾아갔다. 프랭클린은 모턴이 선언서를 지지하게 되면 선거에서 패배할 수도 있다고 말하면서 이런 말을 덧붙였다.

하지만 당신은 독립선언문의 서명자로 역사에 남을 것입니다.

예상대로 모턴은 낙선했으나, 펜실베이니아는 식민지에서 벗어나게 되었다.

프랭클린은 프랑스 국왕 루이 16세를 설득하여 30만 프랑을 지원받음으로써 조지 워싱턴 장군이 이끄는 독립군의 전비戰費를 마련하기도 했다.

전쟁이 끝난 후 프랭클린은 영국을 설득하여 파리조약을 체결했다. 당시 영국으로서는 실익이 없어 식민지 독립에 서명하지 않아도 가능한 상황이었다. 하지만 프랭클린은 이 조약을 성사시켜 신생국인 미국을 인준시켰고, 애팔래치아 산맥에서 미시시피 강에 이르는 국경을 확정지었다.

프랭클린은 제헌의회의 주州 대표자들을 설득하여 양원제에 합의하도록 했다. 미국 의회는 인구 비례에 의한 하원, 주 대표자 2인으로 구성되는 상원을 두는 시스템을 정착시켰다.

이 설득의 대가는 미국 역사상 최초의 기금 조달자로서 그 빼어난 능력을 과시했다. 그는 호주머니에서 돈을 풀게 하는 비결을 알고 있었다. 그는 미국 최초로 공립도서관 설립금을 조성하였고, 미국 최초로 병원의 후원자들을 모집하기도 했으며, 펜실베이니아 대학의 전신인 필라델피아 대학 설립금을 조성하기도 했다. 프랭클린은 기부에 의해 유지되는 재단의 토대를 마련한 인물이며, 각 단위 사업자의 출자 비율에 비례하여 보조금을 주는 '매칭펀드 제도'라는 기금 모금 방식의 창안자이기도 했다.

필라델피아에서 인쇄공을 하던 프랭클린은 불과 19세에 자본금을 조성하는 공식을 발견해냈다. 보스턴이 고향이었던 그는 필라델피아에서 인쇄소와 연관된 인맥이 전무했다. 그래서 그는 다른 인쇄소와는 차별화된 방식으로 사업을 해야겠다는 생각을 하게 되었다.

프랭클린은 펜실베이니아 주지사인 윌리엄 키스William Keith가 대략 5시 정도에 시청 식당에서 저녁을 먹는다는 것을 알아냈다. 프랭클린은 키스 주지사가 식사를 마칠 때쯤 찾아가서 말을 걸었다.

"각하, 각하는 펜실베이니아의 주지사님이시며, 게다가 주의 수도 필라델피아는 조지 2세의 대영제국 도시 가운데 런던 다음으로 큰 도시입니다. 그러니 주지사님의 법령이나 법률, 공고문이나 선언문들이 주지사님의 격에 맞는 우아하고 멋들어진 스타일로 인쇄되어야 하지 않겠습니까?"

주지사는 고개를 끄덕이며 말했다.

"무슨 말을 하고 싶은 건가?"

"저에게 영국으로 갈 여비를 허락해 주십시오. 세상에서 가장 발달된 인쇄법을 배워서 돌아오겠습니다, 지사님."

프랭클린은 영국으로 갈 수 있는 여비를 마련했다. 그는 4년 동안 런던에 거주하면서 최신 인쇄 기술을 익혔다. 필라델피아로 돌아왔을 때 그는 최고의 인쇄업자가 될 수 있었다.

프랭클린의 투자유치 공식

프랭클린은 10대에 벌써 필라델피아에서 최고 권력자인 주지사 윌리엄 키스를 상대로 투자를 요구한 것이다. 놀랍지 않은가!

도발: 보물섬 지도를 펼쳐 보여라

'도발'이라는 말은 강렬하다. 그 안에 '오만하다', '대담하다' 또는 '뻔뻔스럽다'는 뜻이 내포되어 있다. 그렇다, 이 말은 뻔뻔하다는 뜻이다.

투자금 조성의 1단계는 심리적 접근법을 이용하는 것이다. 프랭클린은 자기최면을 통해 투자가에게 수익을 줄 수 있다는 믿음을 가져라고 말했다. 예를 들면 자신이 투자가에게 훌륭한 사업가가 될 기회를 주는 것이라든가 뭉칫돈을 주게 된다는 등, 저 무지개 끝에 걸려 있는 보물단지를 주게 된다는 자기암시를 걸라는 것이다.

> 프랭클린의 투자유치 방법은 다음의 네 단계로 이루어진다.
> 도발→계획→
> 투자 요구→결투

명심해야 할 것은 투자를 끌어내는 일이 아버지에게 용돈을 올려달라거나 예쁜 옷을 사달라고 조르는 것이 아니라는 점이다. 투자가와 당신은 판매자와 구매자라는 대등한 관계이다. 당신이 투자가에게 노다지를 얻을 기회를 제공하는 것이다. 당신이 보물섬 지도를 투자가에게 파는 것이다.

무릎을 꿇고 질질 짜면서 애원하지 말라. 보무당당한 걸음으로 찾아가라. 투자가의 눈을 응시하고 말하라.

투자가님, 잠시 시간을 내주시면 큰돈을 벌 수 있는 기회를 알려드리고 싶습니다.

프랭클린이 키스 주지사 앞에 나섰을 때 보스턴 어딘가에 있는 아가씨를 만나려고 양초업자인 아버지에게 집안 말馬을 빌려 달라고 한 것이 아니라는 것이다. 그는 주지사가 더욱 돋보일 수 있는 선언문을 만들 수 있는 길을 제공하고자 한 것이었다.

계획: 구체적인 그림을 그려라

주도면밀한 계획이라 함은 먼저 신상품을 선전할 구체적인 그림을 가지고 있어야 한다는 뜻이다. 프랭클린이 피뢰침을 개발했을 때 낙뢰로부터 가옥을 보호하는 방법을 투자가들에게 설명해 주었다.

프랭클린이 원시와 근시에 모두 효력이 있는 이중초점 안경을 개발했을 때, 투자가들을 모아놓고 독서를 하면서 창밖의 나무를 관찰하는 광경을 선보였다.

프랭클린은 투자가들이 감을 잡을 수 없는 추상적인 것에는 투자하지 않는다는 것을 꿰뚫고 있었다. 투자가들은 프랭클린이 똑똑한 인물이었기 때문이 아니라 신상품이 어떤 제품인지 실감했기 때문에 투자를 한 것이다.

몇 번이고 스스로 확신이 들 때까지 준비한 말을 연습하라. 그런 다음에야 비로소 당신이 투자가들 앞에서 상품이나 휴양지 프로젝트에 대해 소개한 말이 설득력을 갖는다. 처칠은 투자를 끌어낼 말을 준비하는 것에 대해 이렇게 말했다.

당신이 열정을 내뿜을 그 순간을 준비하는 것이다.

투자가들을 숫자놀음의 늪 속에 빠뜨리지 마라. 물론 얼마나 많은 비용이 들지는 말을 해야 하지만 그렇다고 숫자를 잔뜩 나열해서는 안 된다. 통계수치는 투자가가 수익과 배당에 관해 질문할 때 말해주면 된다.

> 투자가들은 무엇보다도 당신 스스로가 얼마나 그 프로젝트에 애정을 가지고 있는가를 먼저 고려하기 마련이다.

먼저 한두 가지 새로운 사실로 관심을 끌어라. 노인 관련 상품을 설명한다면 은퇴한 노인에 대한 통계 자료, 예를 들어 평균 수명의 연장과 인구 증가율 같은 것을 먼저 제시하라. 쇼핑몰을 제안한다면 지도를 보여주면서 도심지에서 쇼핑몰에 접근하기 편리하다는 것을 설명하라. 그리고 투자가들에게 사업의 위험성보다 잠재적 수익이 얼마나 발생할 것인지 말하라.

열정을 다해서 설득하라. 당신의 설명에 희망을 심어주라. 투자가에게 큰 배당과 수익을 얻게 될 것임을 약속하면서 일자리를 얼마나 창출하게 될 것인지, 사업은 어떻게 진행되고, 미래를 어떻게 개척하게 될 것인지 구체적으로 설명하라.

투자 요구: 구체적인 말로 자신 있게 요구하라

투자 유치의 세 번째 요소는 '투자 요구' 단계이다. 당신은 무엇을 요구하는가? 당신이 원하는 액수는 어느 정도인가? 프랭클린은 다음과 같이 말했다.

당신이 원하는 최고 액수는 얼마인가? 그 두 배를 불러라. 투자 요구액은 투자가에게 되돌아갈 액수가 아니라 당신이 원하는 금액이 얼마인가에 따라 달라져야 한다.

프랭클린은 '필라델피아의 바쁜 몸'이라는 명칭의 가옥안전장치를 발명한 사람이기도 하다. 프랭클린은 이 장치의 발명자금을 조성할 때, 적정액인 5백 달러를 요구한 것이 아니라 그 두 배인 1천 달러를 요구했다. 그럼에도 불구하고 그가 원한 투자금을 받았다.

프랭클린은 프랑스 왕에게 전비 지원금으로 원래 필요한 20만 프랑이 아닌 50만 프랑을 요구했다. 그 결과, 그가 받은 금액은 30만 프랑이었다.

프랭클린의 예에서 알 수 있듯, 투자유치를 제안할 때에는 구체적인 액수를 말하라. "얼마나 투자하실 작정이십니까?"라는 말은 금물이다. 이렇게 말하면 투자가들은 반드시 거부반응을 일으킨다. 자신 있고 구체적인 말로 접근하라.

여사님, 저희는 25만 달러를 투자할 한 분을 찾고 있습니다. 저희는 여사님께서 그 투자가가 되어주셨으면 합니다.

사장님, 저희는 이 사업에 1인당 10만 달러씩 투자하실 사장님 다섯 분을 먼저 모시고 있습니다. 사장님께서도 그 한 분이 되시리라 믿고 있습니다.

결투: 기싸움에서 밀리지 마라

네 번째 요소는 결투이다. 프랭클린 생전에 결투는 명예로운 분쟁 해결 방법이었다. 당시에도 이 관행이 법적으로 금지되어 있었지만 실제로 당국에서는 위반자를 눈감아 주었다.

프랭클린은 투자가를 설득하는 데 실패하는 이유로 투자를 요청한 후 투자가보다 먼저 말을 꺼내는 것을 꼽았다. 지금 오케이 목장에서 결투를 한다고 가정하고, 상대가 먼저 총을 뽑기를 기다린다고 해보자. 마찬가지로 투자가가 먼저 말을 꺼낼 때까지 기다려야 한다. 물론 이 기다림은 투자를 요청하는 것보다 더 견디기 힘든 부분이긴 하지만 투자를 유치할 수 있는 백발백중의 묘수이다.

'여사님, 저희는 여사님이 특별 투자가가 되어주시기를 원합니다.'라는 말을 한 후에는 그 응답이 올 때까지 기다려라. 투자가의 눈을 똑바로 쳐다보며 기다려라. 투자를 요청한 후에 당신이 먼저 말을 꺼낸다면 어쩌면 투자가의 신뢰를 영원히 잃을지도 모른다. '저희는 여사님이 심사숙고해 주시기를 바랍니다.' 혹은 '다음 주에 전화 드리겠습니다.'와 같은 말을 먼저 하면 당신은 투자가와 대등한 지위를 잃게 된다. 마치 아빠에게 용돈을 올려달라고 투정 부리는 십대가 되어버린다.

시선을 고정시키고 투자가를 보라. 투자가의 눈이 다시 깜박일 때까지 기다리고 기다리고 기다려라. 투자가가 먼저 시선을 거두면 말할 때까지 기다려라. 마치 일차선 도로에서 자동차 두 대가 기싸움을 벌여 누가 먼저 방향을 돌리게 하느냐와 같은 이치이다.

기다려라. 투자가는
자신의 자금 운용에
대해 생각할 시간이
필요하다.

투자가가 먼저 말을 하는 경우 대부분 딱 잘라 거절하지는 않을 것이다.

'검토해 보겠습니다.' 혹은 '다시 연락을 드리겠습니다.'라는 말이 나오거나, 아니면 '10만 달러가 아니라 5만 달러로 합시다.'라는 이야기를 꺼낼 수도 있다.

투자가가 일주일 안에 연락을 주겠다고 말을 했다고 해서 노상 전화기 옆에 붙어 있지는 마라. 10일 내지 2주 정도 더 기다려 보고, 그래도 전화가 없으면 투자가가 점심 식사를 위해 자리를 비울 시간에 전화 메시지를 남겨두라.

그동안 투자가는 당신의 제안이나 메시지에 대해 전혀 고려해보지 않았을 수도 있다. 사람들은 일단 결정을 미루면 아무 생각도 나지 않을 수가 있다. 투자가에게 불시에 전화해서 덜컥 결정해달라고 닦달하게 되면 결국 당신만 손해 보게 된다. 전화 메시지는 투자가의 기억을 자연스럽게 상기시키는 효과적인 장치다.

투자유치에 실패한다고 해도 실망할 필요는 없다. 당신이 돈을 달라고 떼를 쓴 것은 아니므로 최소한 투자가의 신뢰는 얻을 수 있게 된다. 투자가는 당신을 대등한 자격의 파트너로 생각하며 계속해서 눈여겨볼 것이다.

80

직접 방문해서 담판을 지어라

자신에게 자문을 구하는 것을 달갑지 않게 생각하는 사람은 없다. 아니, 오히려 그것을 즐긴다. 투자가와 다시 대면할 경우 결코 돈 얘기를 먼저 꺼내지 말라. 그 대신 투자가가 그 프로젝트에 대해서 어떻게 생각하는지 자문을 구하라.

당신의 자문에 응할 정도가 된다면 이미 투자가의 마음은 반 이상 열린 것이나 다름없다.

자금을 모으려면 대담하게 행동하라. 백만장자 프랭클린의 방식을 본받으라. 프랭클린처럼 당신도 투자가들에게 일생일대의 기회를 주고 있는 것이다. 투자가에게 미래를 보여주고 당당하게 투자를 요구하라.

> 서신을 보내기보다는 직접 방문해서 담판을 지어라.

프랭클린의 공식을 효과적으로 이용하면 당신은 성공적인 투자 유치자가 될 수 있다.

II

상대의 마음을
사로잡는 화술

연설이란 일종의 공연이다. 상대를 이해시키고 기억에 각인시키기 위해서는 개념을 구체화해야 한다. 역사적인 일화나 다른 사람의 이야기는 호기심을 자극하고, 재치 있는 말은 분위기를 반전시키며, 적절한 인용과 비유는 설득력을 배가시킨다. 여기에 덧붙여, 적절한 몸짓은 강한 울림을 만들어 성공 화술의 신뢰도를 높인다.

Stand Like Lincoln
Speak Like Churchill

타인의 이야기는
호기심을 자극한다

인용하지 않으면 인용되지도 않는다.
— 벤자민 디즈레일리

케네디는 대통령 선거운동을 하며 인용문을 사용한 최초의 대통령이었다. 그는 제2차 세계대전 당시 처칠의 연설을 이렇게 평가했다.

처칠은 영어라는 말을 동원시켜 전쟁터로 내보냈다.

케네디도 처칠 못지않았다. 그는 위인들의 명문장을 집결시키고 대열을 정비했다. 케네디는 1960년 10월에 있었던 쿠바 미사일 위기 상황에서 한 주 동안 로버트 프로스트Robert Frost와 소크라테스, 단테, 프랭클린 루스벨트Franklin Roosevelt, 찰스 디킨스Charles Dickens, 러디어드 키플링Rudyard Kipling의 명문들을 출격시켰다.

케네디는 역사상 그 어느 대통령보다 인용문을 많이 사용했다. 조지 워싱턴이나 에이브러햄 링컨처럼 역사적 위인뿐만 아니라 T.S 엘리엇T.S Eliot이나 알프레드 테니슨Alfred Tennyson과 같은 시인, 에드워드 기번Edward Gibbon과 투키디데스Thukydides와 같은 역사가나, 벤자민 프랭클린과 랠프 왈도 에머슨Ralph Waldo Emerson과 같은 정치가들의 말도 인용했다.

사실 이러한 인용문들은 그가 독서광이었기 때문이 아니었다. 동료이자 연설문 작가인 테드 소렌슨의 머릿속에서 나온 것이었다.

인용문을 이해하고 사용하라

필자가 리처드 닉슨 대통령과 같이 일하게 된 계기는 그가 부통령이었을 때 인용문을 정리해둔 필자의 노트를 보았기 때문이다.

닉슨은 문학가들의 말보다 역사적 인물들의 말을 좋아했다. 그는 에드먼드 버크Edmund Burke, 벤자민 디즈레일리Benjamin Disraeli, 우드로 윌슨Woodrow Wilson, 시어도어 루스벨트Theodore Roosevelt, 에이브러햄 링컨과 같은 정치인들의 전기를 즐겨 읽었다.

"나는 케네디처럼 T.S. 엘리엇 같은 문학가들의 글은 인용하고 싶지 않습니다."

닉슨은 그 문장이 유래하게 된 역사적 맥락을 이해할 수 없으면 인용문으로 사용하지 않았다.

누구나 알고 있는 유명한 사람의 말을 인용하라(인용문의 제1규칙)

필자는 이 교훈을 어렵게 배웠다. 닉슨 정부에서 부통령이었던 스피로 애그뉴Spiro Agnew의 취임 연설문을 작성하면서 필자는 프랑스 작가 알베르 카뮈Albert Camus의 글로 마무리했다.

> 진실과 자유에 봉사하는 직업이야말로 소명이라고 할 수 있습니다.

'카뮈'라는 이름을 언급할 때 애그뉴 부통령은 '케이머스'라고 영어식으로 발음했다. 연설이 끝나자 어떤 기자가 필자에게 물었다.

아리송한 인물의 말은 인용하지 말라.

"케이머스가 누구입니까?"

필자는 당혹감을 숨기며 이렇게 말했다.

"그리스의 철학자입니다."

간결한 인용문을 사용하라(인용문의 제2규칙)

한 필라델피아 시의원이 고등학생들에게 강연을 할 때의 일이었다. 그는 유명한 농구선수 마이클 조던이 한 말만을 전부 인용해서 강연을 했다. 조던이 청소년들의 영웅이라고 생각했기 때문이다. 아이들은 강연이 시작되고 1분이 지나자 산만해지기 시작했다. 유명인의 인용문이기는 했지만 너무 길었던 것이다.

다른 한편으로 그 반대의 경우도 있다.

좋은 커뮤니케이션이란 지도자와 경영자 사이의 차이점을 말하는 것입니다.

이 말은 사우스콜로라도 대학 경영학과의 리처드 아이젠바이스 교수가 한 것이다. 하지만 누가 아이젠바이스라는 이름을 들어본 적이 있겠는가. 아마도 빌 게이츠Bill Gates가 한 말이었다면 유명인이라는 요건과 간결하고 명쾌해야 한다는 요건 모두가 충족되었을 것이다.

인용문을 포장하라(인용문의 제3규칙)

앞서 말한 규칙에는 한 가지 예외가 있다. 평범한 사람의 말일지라도 적당히 연출만 한다면 큰 효과를 볼 수 있다.

미국의 26대 대통령 시어도어 루스벨트는 여론의 속성을 이해하고 여론을 활용하는 방법을 알았던 대통령이었다. 그는 대통령 관저Executive Mansion를 백악관White House이라는 이름으로 바꾸고 서편 부속 건물을 지어 더 많은 참모들을 고용했다. 그 중 일부는 루스벨트에 대한 언론보도를 관리하기 위해 특채된 사람들도 있었다. 루스벨트는 언론에 비쳐지는 이미지에 관심을 가지고 매체를 최대로 활용했던 대통령이기도 했다.

1901년 44세의 나이에 대통령에 취임했던 루스벨트는 강대국의 입지를 다지기 위한 대외정책을 발표했다. 연설 도중 루스벨트는 외투에서 봉투 하나를 꺼내 들었다. 그리고 코안경을 올리며 봉투에 쓰인 글자를 뚫어지게 처다본 후 큰 소리로 외쳤다.

아프리카의 옛 속담에 '말은 부드럽게 하고 몽둥이는 잘 드는 것을 가지고 있어야 한다.'라는 말이 있습니다.

이러한 행동은 잘 알려지지 않은 속담을 액자에 넣어 연출하는 효과가 있다. 루스벨트의 이 인용문은 1세기가 지났는데도 사람들 사이에서 회자되고 있다.

필자는 한때 어느 플라스틱 회사의 사장을 도와준 적이 있다. 그는 직원들에게 회사의 비용절감 정책에 대해 설명하게 되었다. 마침 휴식시간이 있어 대화를 나누고 있는데, 그에게서 어린 시절 할머니가 백 페니를 주며 돼지저금통에 넣으라고 했다는 말을 들었다. 필자는 이 소재를 다음 강연에 활용했다.

혹시 길에서 1페니를 줍게 되면 돼지저금통에 넣으렴. 그러면 너는 언젠가 "참 나는 복을 많이 타고났어."라고 얘기하게 될 테니까.

할머니 사진을 구해 뒷면에 미리 원고를 적어놓고 비용 삭감에 대해 강연하기 전에 주머니에서 꺼내 말하는 방법을 액자식 낭독Frame and read법이라 한다.

다른 기업가에게도 이 액자식 낭독 기법을 가르쳐주고 연설에 도움을 준 적이 있었는데 역시 효과가 있었다. 그는 사업 확장에 대한 강연에서 선지자 요엘의 말을 인용했는데, 이때 그는 액자식 낭독법을 사용했다.

저는 성경 책에서 선지자인 요엘의 말씀을 펼쳤습니다. 그 부분은 제가 가장 좋아하는 구절이었습니다.

"그리고 노인은 꿈을 꾸게 될 것이며, 젊은이는 희망을 가질 것이다."

역설적 의미의 인용문은 극적 효과를 창출한다

의외의 말이 주는 효과에 대해서는 이미 언급한 바 있다. 정치적 반대파의 말을 인용하여 자신의 생각을 증명한다면 이보다 더 깜짝 놀랄 일이 있을까? 필자는 이것을 '대질對質인용법Cross-Quotemanship'이라고 부르고 있다.

전 공화당 부통령 후보 잭 켐프는 민주당의 대통령 케네디의 말을 골라서 인용했다. 그는 연설 중간에 지갑에서 명함 크기의 쪽지를 꺼낸 후 이런 말을 읽어 내려갔다.

케네디 대통령은 1962년, '역설처럼 들리지만 오늘날 조세율은 너무 높고 세수는 너무 낮다는 것입니다. 궁극적으로 세수를 늘리는 올바른 방법은 조세율을 낮추는 것밖에 없습니다.'라고 말했습니다.

대질인용법은 신뢰도를 높인다. 필자는 1960년의 대통령 선거운
동에서 민주당원이었던 루스벨트, 애치슨, 트루먼의 말을 인용하여
케네디를 비판했다.

이 대질인용법이 극적 효과를 발휘한 예는 많다. 어느 기업가는
연설 도중 신문을 꺼내 읽었다. 그가 읽은 기사는 자사의 수익 감소
를 예측한 『뉴욕 타임스』의 경제면이었다. 그는 기사를 다 읽자마자
둥글게 말아서 청중들을 향해 힘차게 내던졌다.

필자는 몇 년간 더글러스 맥아더Douglas MacArthur 장군의 미망인
이 소속된 어느 위원회에서 일한 적이 있었다. 필자는 위원회의 연
례회의가 있을 때면 그녀가 묵고 있는 호텔로 가서 회의실까지 휠체
어로 모시곤 했었다.

어느 해 이 단체의 연례회의가 열리기 며칠 전, 필자는 국무부 대
표로 미국·필리핀 상공회의소에서 강연하기 위해서 출국할 예정이
었다. 필자는 봉투 하나를 꺼내 미망인에게 내밀며, 필리핀 청중들
에게 하고 싶은 말을 써달라고 부탁했다.

필자는 자립 경제에 대해 강연하는 도중에 이 글을 낭독했다.

이 편지는 필리핀 사람들의 불굴의 정신을 경험했던 어느 고결
한 여성의 것입니다.

"맥아더 장군의 가슴에는 필리핀 민중의 용기가 무엇보다도 깊

이 새겨져 있었습니다. — 사무국장 진 맥아더^{Jean MacArthur}"

필리핀 사람들은 모두 일어나서 이 미망인에게 최고의 존경심을 표하며 거수경례로 답했다.

적절한 인용문을 수집하라

강력한 인용문을 위해서는 극적인 장치가 필요하다.

제1차 세계대전이 종전된 뒤 아이젠하워^{Eisenhower, Dwight David}는 퍼싱^{Pershing} 장군의 참모로 일했다. 그 때문에 아이젠하워가 연합군 사령관이 되었을 때 퍼싱 사령관의 말을 자주 인용했다. 그는 주머니에서 테 없는 안경을 꺼내 쓰며, 연합군 장교들에게 퍼싱 장군의 말을 인용한 적이 있었다. 연설을 듣고 난 처칠이 그에게 이렇게 조언했다.

드와이트, 나처럼 검은 테 안경을 사용하는 것이 좋을 뻔했어요. 내가 시가를 사용하는 것처럼 안경도 극적 장치의 일부예요.

인용문은 실로 엄청난 위력을 가지고 있다. 항상 똑같은 어조와 리듬으로 말하면 사람들은 지루해한다. 하지만 말하는 중간에 인용문을 섞어 넣으면 마치 야구 경기에서 투수가 공의 구질을 바꿔 던

지는 효과가 있다. 사람들은 새로운 호기심과 긴
장감으로 곧 생기를 찾는다.

　인용할 문장을 정했으면 어떻게 연출할 것인지
결정하라. 그리고 무대에 올라 열정적으로 공연하
라. 그러면 당신의 말은 좀더 큰 위력을 발휘할 것
이다.

　지금부터 당신이 쓸 인용문구들을 수집하라. 그리고 자신이 쉽게
구분할 수 있는 항목을 만들어 수첩에 정리해두라.

인용문의 효과를 높이는 장치를 활용하라

　강연하기 전에 수첩을 꺼내 자신의 논지와 맞는 적절한 인용구를
선택하라. 인용문을 별도의 종이에 적어놓고 말을 하는 도중 꺼내
라. 검은 테의 도수 없는 안경이라도 꺼내 쓰고 읽는다면 마치 그 말
이 만고의 진리처럼 느껴진다.

　필자가 경영자들의 비즈니스 강연을 위해 수집한 인용문 중 가장
대중적인 항목들을 소개해보겠다.

행동	직업	해답	비즈니스
지식	단결	변화	리더십
위급상황	결단	돈	전망
우수성	필요	승리	사실
기회	젊음	정부	기획
무결점 운동	역사	의문	아이디어 / 연구

윈스턴 처칠(문제 - 해법)

복잡다단한 긴급사태를 해결하기 위해서는 기본 원칙에서 출발하는 것이 최선의 방법이다.

공자(문제 - 분석)

현명한 임금의 첫 번째 조건은 문제가 무엇인지를 파악하는 능력이다.

벤자민 프랭클린(협상 - 문제)

필요에 의한 협상은 그 결과도 좋지 않다.

올리버 웬델 홈즈(신사고 - 변화)

새로운 신념에 의해 확장된 인간정신은 그 전 수준으로 뒷걸음질치지 않는다.

토머스 제퍼슨(문제 - 해법)

모든 문제를 순리에 맞게 해결하라.

존 케네디(제안 - 해법)

우리가 할 일은 과거사에 대해서 비난하는 것이 아니라 미래의 길을 개척하는 것이다.

에이브러햄 링컨(목표 – 계획)

우리가 어디로 가고 있는지 혹은 어디로 가고자 하는지 파악하고 있다면 지금 우리가 무엇을 어떻게 해야 할지를 보다 쉽게 판단할 수 있을 것이다.

윌리엄 셰익스피어(기회 – 변화)

인간사란 홍수 속에서도 한 줄기 물줄기로 인해 행운이 이어질 수 있다.

알프레드 테니슨(변화 – 도전)

구질서는 신질서가 대체하기 마련이다.

루이 파스퇴르(간결성)

당신이 설명할 수 없는 것을 말하지 말라. 먼저 단순화시켜서 증명하라.

올더스 헉슬리(제안)

현실성 있는 꿈을 꾸라.

애들레이 스티븐슨(헌신)

당신이 몇 살이냐가 중요한 것이 아니라 그 나이만큼 살아온 인생이 중요한 것이다.

샤를 드골(개별성)

역사는 숙명주의를 가르치지 않는다. 소수 자유주의자들의 의지가 새로운 길을 개척한다.

조지 패튼(제안)

예측된 위기를 맞이하라. 그것은 준비 없이 닥치는 위기와 차원이 다르다.

윈스턴 처칠(효율성)

두 가지 종류의 성공이 있다. 최초의 성공과 최종적인 성공이 그것이다.

로버트 프로스트(변화)

아, 사람들이 목적지 없는 길을 갈 때 반역의 길이 아니라고 한 적이 있었던가?

마크 트웨인(변화)

고정관념으로는 육체의 족쇄를 풀 수 없으며 인간정신을 해방시킬 수 없다.

윈스턴 처칠(리더십)

당신의 양옆에는 두 개의 낭떠러지가 있다. 하나는 경고의 낭떠러지, 다른 하나는 만용의 낭떠러지이다.

윈스턴 처칠(도전)

당신이 원하지 않으면 아무도 당신을 무능한 사람으로 만들지 못한다.

위 문구들 중 필요한 것을 기억하라. 그리고 극적인 연출로 당신의 메시지를 더욱 강화시켜라.

통계수치는
신뢰도를 높인다

> 통계수치에는 이야기가 있어야 한다.
> — 마가렛 대처

필자는 1990년에 레이건 전 대통령이 연사演士로 참여한 오찬을 함께한 적이 있었다. 그때 그는 식사를 하지 않았다. 그는 따뜻한 물과 함께 초콜릿 쿠키를 먹었다.

"제 오랜 친구인 빌리 그레이엄Billy Graham 목사와 가수 프랭크 시나트라Frank Sinatra도 이렇게 먹더라구요."

그러면서 그는 따뜻한 물은 목 근육을 이완시키고 쿠키의 당분은 기운을 북돋운다고 했다.

레이건은 조심스레 콘택트렌즈를 꼈다. 한쪽 렌즈는 근시용이었고, 다른 한쪽은 원시용이었다. 하나는 눈앞의 원고를 읽기 위한 것이었고, 다른 하나는 청중들을 보기 위한 것이었다.

통계수치란 바로 레이건의 콘택트렌즈와 같다. 신뢰감을 주기 위해 정확한 수치를 그대로 발표해야 할 때가 있는 반면, 사람들의 기억을 돕기 위해 우회적으로 수치를 제시해야 될 때도 있다. 무슨 말인가 하면 메모지에 적힌 '12만 3,411명 신규 고객의 수'를 있는 그대로 읽는다면 정확한 통계수치를 밝혀 신뢰성을 확보하기 위해서고, '이 수치는 신규 고객들이 매년 배가되고 있다는 뜻입니다.'라고 덧붙인다면 사람들의 머릿속에 수치를 기억시키기 위함이다.

통계수치란 수적인 관념일 뿐이다. 사람들이 숫자만을 기억하기는 쉬운 일이 아니다. 따라서 말을 할 때 사람들의 이해를 돕기 위한 장치가 필요하다.

수치를 산문으로 설명하라

1958년 미국의 재정적자는 10억 달러에 이르렀다. 사상 최초로 0이 10개나 붙는 천문학적인 수치였다. 당시 이 수치는 일반인들에게 생소한 것이었다. 너무 어마어마한 단위라서 감을 잡기 어려웠던 것이다.

아이젠하워 대통령은 이 수치를 보고 어안이 벙벙해졌다. 당시 재무장관 조지 험프리는 심각한 위기 상황을 그대로 방치하면 상상할수도 없는 사태가 발생할 거라고 조언했다. 아이젠하워는 국민들에게 10억 달러란 수치를 체감할 수 있게 하는 방안을 생각했다.

아이젠하워는 연설문 작가 케빈 매캔Kevin McCann을 불러 물었다.

"1달러짜리 지폐를 달까지 늘어놓으면 10억 달러가 될까요?"

매캔은 상무부의 통계 직원에게 답을 구해보도록 시켰다. 일주일 후 아이젠하워는 이렇게 연설을 했다.

10억 달러란 재정적자가 어느 정도인지 감을 잡으려면 1달러짜리 지폐를 쭉 늘어놓은 그림을 상상해 보아야 합니다. 그 거리는 지구에서 달까지 왕복하고도 남습니다.

1920년 말엽 아이젠하워가 작성한 연설문은 퍼싱Pershing 사령관을 흡족하게 했다. 아이젠하워는 제1차 세계대전 당시 연합군 측의 전사자 수를 언급하는 대목에서 수치를 그대로 나열한 것이 아니라 간결한 산문으로 풀어서 묘사했다. 퍼싱이 아이젠하워를 신뢰할 수 있었던 것은 숫자놀음으로 사람들을 골치 아프게 만들지 않았기 때문이었다.

기업 경영자들도 모두 이 점을 잘 숙지하고 있어야 한다. 기업가들은 수익지수나 생산지수를 신주단지 모시듯 하고 있으나, 사람들에게 그 수치는 무슨 과장 광고를 보는 것 같은 느낌을 갖게 한다.

숫자를 기억시키는 세 가지 규칙

통계를 인용할 때에는 신뢰도를 높이기 위한 수단인지, 아니면 얼마간이라도 기억했으면 하는 것인지에 대해 판단해야 한다.

신뢰도를 높이기 위한 방편으로 인용문을 읽듯 통계수치를 메모지에 적어두고 꺼내서 읽어라.

올해 수익이 17.2 퍼센트가 상승되었습니다.

지난해 우리 항공사의 승객이 10만 3,133명으로 늘어났습니다.

『월스트리트 저널』에 의하면 지난해 직장을 옮겨 발생한 전출인구가 81만 4,211명이라고 합니다.

신뢰성과 기억의 용이성이라는 두 마리 토끼를 잡으려면 메모지의 수치를 그림으로 표현하는 것이 가장 좋다.

다른 사람에게 수치로 예를 들 때는 다음 세 가지 규칙을 지키는 것이 좋다.

> 사람들은 당신이 말한 숫자를 기억하지 못할지도 모르지만 그 정확성을 의심하지는 않을 것이다.

많은 **통계수치**를 나열하지 말고
우회적으로 표현하며
이야기가 들어 있어야 한다

한 가지 숫자로 축소하라

먼저 인용하는 숫자를 줄여야 한다. 여론조사에 의하면 펜과 메모지가 없는 사람들이 숫자를 기억하는 경우는 겨우 하나가 될까 말까이다. 하나의 사실을 말하고자 할 때 한꺼번에 두 가지 수치를 제시하는 것은 좋지 않다. 처칠이 한 말이 있다.

강하고 질 좋은 시가 하나만을 고르라.

예를 들어 '신혼부부의 71퍼센트가 자기 집을 살 자금이 없다.'라고 말했다면 굳이 '20대 가정 중 31퍼센트가 집을 살 자금이 있다.'라고 부연할 필요는 없다.

이런 식으로 수치를 나열하면 사람들의 머리는 혼란스러워진다. 두 번째 말이 첫 번째 말을 훼방 놓는 꼴이다.

우회적으로 표현하라

간접적인 수치를 사용하라. 2000년 5월 5일자 『런던 타임스』에는 다음 두 문장이 포함된 기사가 있었다.

금년 말까지 아동 및 노인을 포함한 영국인 가운데 열 명 중 여섯 명이 휴대전화를 보유할 것이다.

(영국인들은) 하루에 3만 8천 대의 휴대전화를 구입하고 있다.

이 기사를 연설에서 활용할 때 '열 명 중 여섯 명'이 휴대전화를 구입한다는 표현이 일일 휴대전화의 구매량을 직접 언급하는 것보다 훨씬 기억하기 쉽다.

같은 해 5월 5일 『헤럴드 트리뷴』에 캘리포니아 주의 인구 변화에 대한 기사가 실렸다. '사망자 네 명 중 세 명이 백인이고, 신생아 세 명 중 두 명은 히스패닉이나 아시아인들이다.'라는 간접적인 수치가 적혀 있다.

기사 말미에는 '2001년 캘리포니아 주 인구의 51.2퍼센트가 백인이 아닐 것이다.'라는 말이 나온다. 이 숫자를 연설문에 사용한다면 '다시 말해 반이 조금 넘는다.'라는 말을 덧붙여야 이해하기 쉽고 기억하기 용이해진다.

아라비아 숫자는 기본적으로 10진법을 사용한다. 수메르Sumer를 비롯한 고대 중동국가들은 60진법을 사용하기도 했다. 사람들은 손가락 수를 기준으로 계산하는 것이 편리하다는 것을 알게 되었다. 오늘날 사람들은 10을 기준으로 사고한다. 따라서 10을 기준으로 수치를 제시하면 사람들은 쉽게 그 수를 기억한다.

'21.1퍼센트의 사람들이 매일 아침 카페인 없는 커피를 마신다.'라고 하기보다 '다섯 명에 한 명꼴로'라는 표현이 쉽게 이해된다. 네 명 중 세 명, 다섯 명 중 네 명, 열 명 중 일곱 명이라는 표현이 훨씬 기억하기 수월하다.

십 단위 이하의 숫자로 표현된 분수도 기억하기 쉽다. 2분의 1, 3분의 1, 4분의 1, 5분의 2 등의 수치는 쉽사리 이해할 수 있다. 그러므로 '캘리포니아 주의 59.4퍼센트의 자동차가 SUV(여행용 차)이다.'라는 수치보다는 '다섯 대 중 세 대' 혹은 '5분의 3'이라고 표현하는 것이 낫다.

『런던 타임스』의 한 면에 카메라를 뒤로하고 의자에 앉은 여아女兒들 사진이 있었다. 아기들의 우측 상단에서 좌측으로 암(32.4퍼센트), 작가, 의사 순으로 단어가 적혀 있었고 암에는 32.4퍼센트라는 수치가 있었다. 여성들이 암으로 죽는 수치를 시각화한 그림이었다.

이야기가 있는 통계수치

통계수치는 어떤 의미를 내포하고 있어야 한다. 어느 회계사가 천 조분의 1이라는 말을 썼다. 회계사는 이 천문학적인 수치를 두고 전 세계 모든 사람들의 머리카락 중 한 올이라고 설명했다.

신문의 연감年鑑을 찾기만 해도 원하는 적절한 통계를 얻어낼 수 있다. 미국의 소비자 보호·반공해 운동의 지도자이며 변호사인 랠프 네이더Ralph Nader는 2천만 명의 모잠비크인들의 GNP 150억 달러를 세계적 금융투자회사인 모건 스탠리Morgan Stanley 사에서는 불과 200명의 직원만으로 벌어들이고 있다고 비난을 퍼부었다.

『월스트리트 저널』의 어느 필자는 빌 게이츠의 재산에 대해 쓰면서, 만약 연인과 같이 영화를 볼 때 자신의 재산에 비례해서 입장료를 내야 한다면 그는 1천9백만 달러를 지불해야 한다고 했다.

억만장자에 대한 이야기 중에 미국의 산업자본가인 철강왕 앤드류 카네기Andrew Carnegie의 일화도 유명하다.

어떤 사람이 카네기에게 찾아와 이렇게 말했다.

"카네기 씨, 당신은 세계 최고의 부자입니다. 그 부를 다른 사람들과 같이 써야 한다고 생각하지 않으십니까?"

"옳으신 말씀입니다."

그는 카네기의 대답에 당황스러웠다.

그때 카네기는 비서에게 쪽지 하나를 건네주었다. 비서는 잠시 후 방문객에게 32센트짜리 수표를 건네주었다. 그것은 바로 카네기가 자신의 재산을 전 세계 인구로 나누었을 때 산출되는 금액이었다.

필자의 아버지는 하버드 법과대학의 학과장이었던 로스코 파운드 교수의 첫 법학 수업에 대해 말해준 적이 있다.

전형적인 80세의 백인 교수였던 로스코 파운드Roscoe Pound가 강단으로 올라갔다. 거기서 그는 학생들을 내려다보며 잠시 아무 말도 하지 않았다.

"여러분 자리에서 오른쪽을 보아 주시겠습니까?"

학생들이 오른쪽을 보자 교수는 말을 이었다.

"여러분의 왼쪽을 한번 봐 주시겠습니까?"

학생들이 모두 그쪽을 보자 교수는 나지막이 속삭였다.

"지금 여러분들이 본 사람 가운데 한 명은 내년에 하버드 대학으로 되돌아오지 못할 것입니다."

교수는 32퍼센트에 달하는 하버드 대학의 제적률除籍率을 학생들 스스로가 체감하게끔 만들었던 것이다.

제록스 사의 회장이며 품질혁신 운동의 주창자 데이비드 컨즈 David Kearns는 오찬회를 개최하면서, 동일한 방식으로 무결점운동의 의미를 전했다.

테이블에 모두 여덟 분이 앉아 계시군요. 테이블에 앉아 계신 사람 가운데 두 분은 사무실로 되돌아서 나머지 여섯 분의 오류를 시정하는 일을 하게 될 것입니다.

말하자면 네 명 중 한 명꼴로 다른 사람들의 오류를 시정하는 일을 하고 있다는 것입니다.

이미 알려진 사실과 비교하라

전 국무장관이었던 헨리 키신저가 1998년 필라델피아의 노동조합에서 연설을 할 때 나도 동석하고 있었다. 키신저는 발칸반도의 분쟁지 코소보에 대해 이렇게 말했다.

"코소보는 대략 5천 평방마일쯤 되는 지역입니다. 말하자면 코네티컷 주 정도의 크기죠."

5천 평방마일이란 크기가 어느 정도인지 감을 잡기는 어려운 수치이지만, 코네티컷 주의 크기라는 것으로 사람들은 쉽게 이해할 수 있었다.

사내품질관리 운동의 주창자 제프 듀어Jeff Dewar는 무결점운동에 대해서 이렇게 말했다.

우리가 99.9퍼센트 정도로 완성도를 높이려면, 먼저 다음과 같은 현실을 받아들여야만 합니다. 시카고의 오하라 공항에서는 하루에 두 번이나 위험한 착륙을 시도하고 있고, 미국 우편국에서 매시간 분실되는 편지가 1만 5천 통이나 됩니다.

정치인들은 연설문 작가에게 기억하기 쉽고 따라 하기 쉬운 표어나 구호를 생각해내라고 끊임없이 스트레스를 준다.

대통령 선거운동 기간 중 앨 고어는 부시의 세금감면 정책을 이렇게 비판했다.

이런 세금감면책이 여러분들에게 무슨 혜택을 주겠습니까? 겨우 한 가구당 코카콜라 한 캔 정도가 돌아갈 뿐입니다.

다큐멘터리 감독 켄 번즈Ken Burns는 공영방송 PBS 시사 프로그램에서 남북전쟁 때 군인 전사자가 87만 6천 명이었다고 밝혔다. 그러나 피부로 느껴지는 말은 남북전쟁의 전사자가 식민지 독립전쟁, 1812년 전쟁, 스페인-미국 전쟁, 제1차 세계대전, 제2차 세계대전, 한국전쟁, 월남전쟁 및 이라크전쟁을 합친 모든 미군 전사자의 수를 능가한다는 것이었다.

구체적인 숫자가 신뢰도를 높인다

사람들은 수치를 비교해서 말하면 깊은 인상을 받는다.

필자는 국립 산업위원회의 회의석상에서 누군가 이렇게 말하는 것을 들었다.

주기도문은 66단어로 이루어져 있습니다. 십계명은 179단어이고, 게티즈버그 연설은 282단어입니다. 그런데 여러분, 미국 정부의 채소류 판매 규정은 몇 단어로 이루어졌는지 아십니까? 자그마치 2만 6,911단어입니다.

이 수치를 잠시 살펴보자. 만약 이 숫자를 사람들이 기억하기 쉽게 하고 싶었다면 2만 6,911이라는 수 대신에 '2만 5천 단어 이상'이라고 했으면 되었을 것이다.

수치가 구체적이면 구체적일수록 신뢰도는 증가한다. 2천 년 전로마의 철학자 카토는 '왜 사람들은 수치가 구체적일수록 더 신뢰할까?'라는 말을 남겼다.

'구체적 수치'의 효력을 증명하는 이야기를 하나 들려주겠다.

시의회 의원인 대처 롱스트레스Thacher Longstreth라는 친구가 공화당 후보로 필라델피아의 시장 선거에 출마했다. 이 친구는 당시 시장이었던 민주당의 리처드슨 딜워스Richardson Dilworth와 힘겨운 논쟁을 해야만 했다.

이 친구가 선거에서 패배한 후에 딜워스에게 물었다.

"딜워스 시장, 어떻게 '범죄율이 31.2퍼센트로 낮아졌다.'라든가 '필라델피아에서 8,146개의 새로운 일자리가 창출되었다.'와 같은 수치를 그렇게 정확히 외우고 있었소?"

"아, 그거요. 그냥 즉흥적으로 만든 숫자예요. 괜찮았죠?"

정확하지 않은 수치를 당당히 밝힐 수 있는 이유는 당신이 그 주제에 대해 정밀한 조사를 끝냈고 당신의 손안에 그 진실이 있기 때문이다.

> 사람들의 신뢰를 얻고자 한다면 구체적인 숫자를 말하라.

숫자의 거짓말, 거짓말쟁이의 숫자

디즈레일리 영국 총리는 강연에서 제일 혐오하는 것 세 가지를 밝힌 적이 있다.

거짓말, 망할 놈의 거짓말, 그리고 통계

오늘날 정치인들이 처한 난제는 신뢰 확보를 위해 숫자를 인용하면 사람들이 오히려 더 냉소적으로 반응한다는 점이다. 많은 사람들이 '숫자 놀음은 거짓말 놀음'이라는 옛 속담을 어느 정도 믿고 있다. 옥스퍼드 영어사전에 의하면 '통계Statistics'라는 말은 라틴어로 정치가Statista에 해당되는 말에서 기원했다.

신문에 당신의 회사에 대한 불리한 수치가 나오거나 혹은 어느 비평가가 회사에 해악을 끼칠 수치를 내놓을 때, 다음과 같은 일화를 들려주는 것도 좋을 것 같다.

몇 년 전 나는 플로리다에서 차를 몰고 가다가 머틀Myrtle 해수욕장 부근의 맥도날드에 들렀다. 거기서 나는 반바지에 반팔 티셔츠를 입은 9살배기 꼬마가 아이스티를 서빙하고 있던 노인에게 하는 이야기를 듣게 되었다.

"안녕하세요, 할아버지. 고향이 어디세요? 저희는 오하이오 주에 살거든요."

꼬마가 말하자 노인은 무뚝뚝하게 대답했다.

"난 여기에 살아."

"좋으시겠어요. 저는 두 주만 지나면 10살이 되걸랑요. 할아버지는 몇 살이 되세요?"

"다음 주면 여든이다."

"정말 좋으시겠네요. 아빠가 그러시는데 남자는 여든 살까지 7명의 여자와 상대하게 된대요."

"꼬마야, 그 숫자는 내 평생 제일 무의미한 통계 같구나."

쓸모없는 통계가 있다. 그러나 유의미한 가치를 지닌 수치도 있다. 어떤 수치는 당신의 주장을 강화한다. 적확한 수치는 믿음을 주고, 이야기 속에 포함된 한 가지 수치는 기억을 도와준다.

당신의 발표문에는 유의미한 수치가 있어야 한다. 이제 이야기가 있는 단일한 수치를 우회적으로 말하기만 하면 당신의 숫자는 힘을 갖게 된다.

시각자료는
보조도구일 뿐이다

> 슬라이드는 청중을 지루하게 만든다.
> — **리처드 닉슨**

윈스턴 처칠은 시각자료를 이용한 적이 없다. 프랭클린 루스벨트도 차트를 세운 적이 없다. 로널드 레이건도 환등기를 사용한 적이 없다. 이 지도자들은 기구에 의존하며 발언한 적이 없다. 만일 강연에 시각자료가 동원되면 발언의 영향력은 감소하게 된다. 슬라이드에 리더십을 맡기면 그 추진력이 사라진다.

그럼에도 왜 수많은 기업가들이 시청각 자료에 무릎을 꿇는 오류를 범하고 있는 것일까? 그 원인은 기업가들이 새로운 기구나 발명품이 자신의 발언에 도움을 줄 것이라는 생각을 가지고 있기 때문이다. 이런 생각은 망상이며, 보다 더 근본적인 것은 불안감 때문이다. 대중들 앞에 선다는 불안감 때문에 정면대응을 피하게 된다.

하지만 기업가들은 이 사실을 부인한다. 내가 연설 고문으로서 경영자와 일하게 되었을 때 그들은 늘 '글쎄요, 전 독불장군이 아닙니다. 뭐 대단한 사람처럼 보이고 싶은 생각은 추호도 없습니다. 다만 최선을 다해

사실을 있는 그대로 전하고 싶을 뿐입니다. 그래서 슬라이드와 그래프를 이용하는 것입니다.'라고 말하며 '영상이란 사실 그 자체지 않습니까?'라는 말을 덧붙였다.

커뮤니케이션의 핵심은 언어이다

경영자들은 슬라이드를 보여주고 말은 안 해도 되는 줄 안다. 결국 그들이 하는 일이란 각각의 슬라이드를 소개하는 것으로 끝난다. 슬라이드는 마약과 같다. 슬라이드를 이용하면 할수록 슬라이드에 더욱 의존하게 된다.

당신의 말을 통해서 개성과 경험, 아이디어가 드러나야 한다. 보조도구가 아닌 당신의 말로 자신의 의견을 말하라. 생명 없는 스크린이 피와 살이 붙은 말을 대체할 수는 없다.

이 책은 기구 사용법이 아닌 리더십을 설명하기 위한 책이다. 당신은 먼저 리더가 될 것인지, 아니면 기술자가 될 것인지 결정해야 된다.

기술자로 자기 역할을 한정한다면 계속 슬라이드를 사용하더라도 어쩔 수 없는 일이다. 하지만 당신이 리더를 목표로 세웠다면 슬라

이드는 당신의 버팀목이 아닌 보조도구로 사용되어야 한다.

경영자들에게 왜 슬라이드로 강연시간을 채우려고 하는지 물어보니, 이런 이유를 댔다.

"왜 백문불여일견百聞不如一見이라는 말도 있지 않습니까? 저희 회사 그래픽부에서는 뛰어난 시청각자료를 만들 수 있습니다."

경영자들은 특별대우를 좋아한다. 리무진이나 개인 화장실, 첨단 영사기나 슬라이드기의 사용권 같은 것 말이다. 그들은 손가락 하나 까딱하는 것으로 충분한 영상기기를 좋아하는 것이다. 그 때문에 기업가들은 영상기기를 과용한다.

무엇보다도 그들이 슬라이드에 의지하는 근본 이유는 사람들을 맞상대하는 가혹한 짐에서 벗어날 수 있기 때문이다. 그래서 스스로 할 일을 기계로 대체하는 것이다. '백 번 듣는 것이 한 번 보는 것만 못하다.'라는 속담만 있는 것이 아니라 '말은 볼 수 없는 것을 그린다.'라는 격언도 있다.

커뮤니케이션의 핵심은 언어이다.

청중의 시선을 분산시키지 마라

가전회사 경영자는 트럭과 철도, 선박의 비용을 분석하는 강연을 했다. 강연의 막바지에 이르자 그는 연단에서 내려와 강연장의 뒤쪽으로 갔다. 궁금해진 청중들이 뒤를 돌아보자 선명한 도표가 있는 차트가 눈에 들어왔다. 차트는 각각 다른 색깔로 각 운송수단의 물류비용이 정리되어 있었다. 사람들의 시선이 차트에 고정된 그 순간 이 경영자는 다시 한번 더 물류 비용을 설명하고 강연을 마무리했다.

> 영상기기는 강연을 대체하는 것이 아니라 강화시키는 데 사용되어야 한다.

이와는 달리 경영에서는 뛰어난 능력을 발휘했지만 강연에서는 그렇지 않았던 사람도 있다. 어느 홍보회사의 회장은 강연의 기본 자료로 슬라이드를 사용하다가 도중에 텔레비전 모니터를 동원해서 자사에서 만든 텔레비전 CF 광고까지 틀었다. 청중들은 갈피를 잡을 수가 없었다. 사람들은 발표자 외에도 슬라이드와 비디오테이프에 시선을 빼앗겼기 때문이다.

영상자료를 사용한다면 주제 한 가지에 하나의 자료만 준비하라. 다른 주제로 넘어가게 되면 슬라이드는 *끄고*, 사람들이 자신의 말에 주의를 기울이도록 만들라.

간단명료한 시각자료를 활용하라

시각자료들이 강연의 주제를 이해하는 데 지장을 줄 정도로 어려워서는 안 된다. 시각자료를 제대로 구성하면 강연의 효과는 배가된다. 이 시각자료를 잘 활용한 정유회사의 경영자가 있었다.

회장은 바로 뒤쪽에 장난감 블록을 쌓아 영화산업과 화공化工산

업, 정유회사의 실적을 나타냈다. 그는 각 블록의 높이에 따라 나타
난 수치로 정유산업의 실적이 낮았음을 설명했다. 블록들은 청중들
의 눈을 사로잡았고 정유회사의 이윤이 얼마나 낮았는지 다시금 생
각하게 만들었다. 블록은 복잡하게 그려진 그래프보다 훨씬 효과적
이었다.

필자의 친구 중에 회사 상표를 디자인해주는 경영자가 있는데 이
친구도 좋은 사례가 될 것 같다. 이 친구는 회사를 홍보하는 자리에
회사가 디자인한 상표가 들어 있는 포트폴리오를 들고 다녔다. 이
친구는 이 포트폴리오를 테이블에 세워놓거나 앞쪽에 걸어두곤 했
다. 이 친구가 강연 도중 주먹으로 테이블을 내리치면 사람들은 자
연스럽게 유명 회사의 상표에 시선을 보냈던 것이다.

이런 전략으로 그는 강연에 생기를 불어넣고 사람들이 상표 디자
인에 대해 생각할 기회를 던져주었다. 만일 포트폴리오를 등 뒤에
놓고 말을 했더라면 이런 효과를 보기 어려웠을 것이다.

> 슬라이드나 전시물
> 에 대해 긴 설명이
> 필요하다면 그 자료
> 는 사용하지 않는 편
> 이 낫다.

혹시 이 친구가 회사의 디자인이나 상표에 대해
서 일언반구도 없었다면 언어가 커뮤니케이션의
핵심이라는 말과는 모순이 아니냐고 물을 수도 있
겠다. 사실 이 친구가 아무 설명을 하지 않았던 이
유는 그것들이 설명이 필요할 정도로 복잡한 것이 아니라 아주 단순
한 것들이었기 때문이다.

시각자료가 간단명료하지 않으면 강연에 지장을 주고, 사람들의
관심이 분산된다. 도식적인 그래프나 인상적인 포스터로 자료를 만

들 필요가 없다. 시각자료는 잡지책의 광고 같아야 한다. 시각자료는 그림 자체로 설명되거나, 몇 마디로 그 이미지에 대한 설명이 가능해야 한다.

몇 년 전 필자는 정유회사의 기업연수원으로부터 커뮤니케이션에 대해서 강연해달라는 초청을 받았다. 점심 시간이 끝난 후 필자의 강연이 있기 전에 경영자심리연구소에서 나온 연구원이 200여 명의 임원 앞에서 강의했다. 이 사람은 불을 끄고 복잡한 그래프를 보여주며, 경영자의 의사 결정 과정에 대해서 일일이 설명했다. 한 40분이 지나자 이상한 소리가 났다. 처음에는 그것이 슬라이드 오작동 소리인 줄만 알았다. 알고 보니 그것은 임원들의 코 고는 소리였던 것이다. 그들은 식사 후의 노곤함과 강연의 지루함을 견디다 못해 그런 모습을 보였던 것이다.

당신의 시각자료들은 맛을 돋우는 향료 역할을 하는가, 아니면 식단의 음식 자체가 되고 있는가?

사회자가 아닌 강연자가 되라

몇 해 전 필자는 뉴욕 공무원조합 모임에서 제1차 세계대전에 관한 강연을 들은 적이 있다. 강사는 참전 군인들의 구두 증언을 토대로 감동적인 책을 쓴 저자였다. 필자는 강연의 사회자라서 미리 책을 읽고 저자와 청중들 간의 대화를 진행시켰다. 저자는 글솜씨 못지않게 대화도 재미있게 했다.

막상 본 강연이 시작되자 그는 갑자기 슬라이드를 소개하는 진행자가 되어버렸다.

"이 사진은 솜전투에서 사용했던 탱크입니다. 그리고 이 사람은 퍼싱 장군입니다."

하지만 책에서의 솜전투와 퍼싱 장군에 대한 묘사는 밋밋한 그림과는 달리 생동감 넘치고 인상적인 문장들로 이루어져 있었다. 이 작가가 슬라이드에 투항하자마자 강연은 서로 관련없는 그림들에 일일이 제목을 달아주는 일로 변했다.

슬라이드에 전적으로 의존하지 마라

슬라이드를 사용하여 논지를 뒷받침하는 것보다 슬라이드만 소개하는 것이 편하다고 생각하는 것이 문제다. 시각자료들은 몸을 숨기는 안전막이 아니라 땀을 훔치는 손수건이어야 한다. 시각자료가 안전막이 되면 강연의 중심은 당신이 아니라 시각자료가 된다. 이제 슬라이드는 강연의 최악의 도구로 변하게 된다.

혹자는 아무 자료도 없이 강연할 수는 없는 것 아니냐고 반박할 수도 있겠다. 그래서 필자가 잘 알고 있는 어느 홍보회사 여직원의 일화를 준비했다.

그녀는 어떤 협회 직원들에게 버뮤다 삼각지에 관한 여행 상품을 소개하기로 예정되어 있었다. 호텔에 도착한 그녀는 여행가방을 열어보고, 깜빡 잊고 아무런 자료도 가지고 오지 않았음을 깨달았다. 하지만 그녀는 일정을 취소하지 않고 몇 년 전 버뮤다로 여행 갔을 때의 추억을 상기하며 원고를 준비했다. 여행 상품을 소개하면서 그녀는 일몰을 보면서 연인들이 보트를 타고 갈 수 있는 옛 해적선 집결지와 호텔에서 제공한 도시락을 가지고 떠날 수 있는 낭만적인 자전거 여행에 대해서도 묘사했다. 또한 아름다운 섬의 풍광과 고풍스러운 영국식 마을들이 얼마나 멋들어진 그림을 이루고 있는지 열정적으로 설명했다. 그 결과 그녀는 다른 여행사 직원들이 한 번도 팔지 못한 여행 상품을 판매할 수 있었다.

"그때부터 저는 승승장구했습니다. 다음부터 전 슬라이드 영상을 사용하지 않았습니다. 홍보의 비결을 터득했기 때문이죠."

그녀가 필자에게 들려준 말이었다. 그녀의 '비결'이란 바로 그녀의 말 속에, 그녀가 내뿜은 개성에 있었다.

슬라이드는 애피타이저이다

슬라이드는 전채前菜나 후식後食이 되어야지 주식主食이 되어서는 안 된다. 슬라이드는 통계나 구조 조정 같은 추상적인 개념을 설명하는 데 도움을 주고 말에 생기를 불어넣기도 한다.

슬라이드는 상대를 설득하는 보완자료이지 대체자료가 아니다.

영상 때문에 상대방이 시선을 돌리게 된다면 전달하려는 메시지가 방해받는 것은 자명한 사실이다.

다음으로 슬라이드SLIDES라는 단어로 슬라이드 사용에 대한 몇 가지 주의사항을 살펴보겠다.

슬로건Slogan : 각각의 슬라이드 밑에 설명을 달아라. 즉 한 마디로 일침을 놓은 문장을 만들라.

대문자Large : 슬로건은 대문자로 하라.

예시Illustration : 예시나 그림, 그래프는 간결하며 난삽하지 않은 것을 사용하라.

지시Directional : 지시봉을 쓰지 마라. 시선을 빼앗긴다.

제거하라Erase : 다음 그림으로 넘어가기 전에 이전 그림을 제거하라. 말을 방해한다. 슬라이드가 서로 연결되어 있다면 중간에 검은 슬라이드를 넣으라.

강연Speech : 슬라이드의 설명을 읽으며 시간을 낭비하지 마라. 청중들도 읽을 수 있다. 강연은 말을 하는 자리이지 슬라이드 소개 시간이 아니다.

처칠이나 레이건같이 화술의 대가들은 시각자료를 사용하지 않았다. 시각자료를 강연의 버팀목으로 삼는다면 그때부터 당신은 정말 불구자가 되기 시작할 것이다.

재치 있는 말은
위기를 기회로 만든다

위트를 활용하라.
— **윌리엄 셰익스피어**

어색한 분위기를 깨기 위해 말머리는 농담으로 시작하라는 말이 있다. 그러나 윈스턴 처칠이나 더글러스 맥아더, 마틴 루터 킹 같은 화술의 대가들은 결코 몇 달 전에 술집이나 친목회에서 들었던 농담으로 말머리를 장식하지 않았다. 그런데도 수많은 경영자들이 강연 전날 필자를 찾아와 이렇게 말하곤 한다.

"선생님, 뭐 좀 재미있는 이야기 없습니까? 왜 분위기를 좋게 하는 그런 얘기요. 선생께서는 그런 이야기를 많이 알고 계시다던데요."

필자가 재미있는 에피소드로 가득한 노트를 가지고 있는 것은 사실이다. 하지만 농담만으로 그 역할을 다할 수 있으리라 도저히 생각할 수가 없다.

이 장의 주제는 '재치'다. 재치는 농담뿐만 아니라 지적인 면까지 포함하고 있다.

썰렁한 농담을 하지 마라

농담을 위한 농담은 청중을 모욕하는 것이나 다름없다. 그런데도 어떤 사람들은 진부한 인사말을 늘어놓은 후 구태의연한 농담을 던지는 것으로 연설을 시작한다. 최근에 필자는 어느 증권회사 경영자가 난감한 목소리로 이렇게 말하는 것을 들었다.

제가 말주변은 그리 없습니다만 강연은 농담으로 시작해야 한다는 것을 알고 있습니다. 그래서 말인데요, 심리치료사를 찾아간 어떤 이의 이야기를 시작해 보겠습니다.

이 말을 듣고 필자는 셰익스피어의 희곡 『태풍The Tempest』에서 세바스찬이 어느 인물을 묘사할 때 쓴 대사가 떠올랐다.

'그는 재치라는 시계밥을 잔뜩 먹이고 있어요. 때가 되면 울리겠지요.'

'여러분, 지금부터 어떤 이야기를 시작하겠습니다.' 따위의 깃발을 꺼내 드는 어리석음을 범하지 말라. 솔기 없는 옷처럼 재치 있는 말은 당신의 강연에 자연스럽게 녹아 있어야 하는 법이다.

아리스토텔레스는 '유머의 핵심은 놀라움이다.'라고 했다. 그렇다면 모든 사람들이 놀랄 만한 이야기를 기대하는 순간에 유머를 사용해야 할 이유가 있을까? 긴장감을 해소하기 위한 웃음이라면 말하는 중간에 슬쩍 집어넣어야 한다.

생각이 다른 사람도 있겠지만, '농담으로 연설을 시작하라.'는 지침은 존재하지 않는다.

경영자란 위신이 중요하다. 이미 다 알고 있는 농담을 하거나 분위기가 썰렁해지는 농담을 하는 순간, 당신의 위신은 추락하게 된다. 게다가 사람들이 경영자를 생각해서 억지웃음이라도 지어준다면 위신은 땅에 떨어진 것과 다름없다.

> 철지난 농담으로 분위기를 쇄신하려 한다면 사람들은 차가운 반응을 보일 수 있다.

농담집의 유머 따위가 재미있었던 적이 있었던가? 그런 농담은 당신을 어수룩한 사람으로 보이게 한다. 농담을 잘한다고 해서 사업이 발전하는 것도 아니다.

프랭클린 루스벨트나 윈스턴 처칠, 에이브러햄 링컨이 증명하였듯이 진정한 재치는 성공 화술의 보증수표이다. 재치 있는 말은 분위기를 전환시키는 첫걸음이다.

분위기를 반전시킬 수 있는 일화를 소개한다

리더들은 험악한 분위기를 누그러뜨리기 위해 재치 있는 말을 즐겨 사용한다. 에이브러햄 링컨은 1864년의 대통령 선거 연설 도중 남북전쟁 수행 중 자신이 몇 가지 오류를 저질렀음을 인정했다. 그런 후 링컨은 일리노이 주 남부에서 있었던 일화를 소개하며 좌중을 웃음바다로 만들었다.

어떤 침례교의 목사가 예배 중간에 예수만이 이 세상에 최초로 등장했던 온전한 남성이었으며, 성경뿐 아니라 그 어떤 책에도 온전한 여성이 있었다는 기록은 없다고 했습니다.

그러자 예배당 뒤쪽에 서 있던 쥐처럼 핼쑥하게 생긴 여인이 다급하게 외쳤습니다.

"송구스럽게도 저는 온전한 여성을 알고 있어요, 목사님. 지난 6년 동안 매일같이 그 여자에 대한 이야기를 듣고 있는 걸요."

"그 여자가 누구지요?"

목사가 물었다. 여인이 풀이 죽어 대답했습니다.

"남편의 첫째 부인이요."

리더들은 철지난 농담이 아닌 재미있는 일화로써 연설의 맛을 더한다.

1940년 프랭클린 루스벨트는 재선을 위해 선거 운동을 하고 있었다. 루스벨트는 1920년 부통령 후보로 출마했던 당시에 만났던 서부 버지니아 주 촌사람 이야기를 꺼내면서, 공화당의 공격을 방어했다.

이 촌사람이 술을 지나치게 마시자 의사는 술을 그렇게 마시다가는 나중에 귀까지 먹을 수도 있다고 충고했습니다.

그 말을 듣자 촌사람이 말했습니다.

"의사 선생님, 제가 만약 의사라면 말이죠, 술을 먹지 말라고 하지 않을 것입니다. 저라면 건강을 해치지 않고 술을 먹을 수 있는 방법을 가르쳐줄 것 같습니다."

위인이나 명사의 일화는 흥미로움을 준다

근거 있는 이야기를 하라. 술집이나 골프장에서 들었던 얼토당토 않은 농담을 떠벌리지 마라.

위인들이나 명사의 일화가 가장 좋다. 이런 일화는 웃음을 자아내지는 못하더라도 최소한 역사적 인물을 여러 면에서 볼 수 있게 한다는 점에서 늘 흥미롭다.

강연에서 문제 해법을 달리하고 싶다거나, 아니면 대안을 내놓고 싶다면 이런 이야기가 좋을 것이다.

처칠이 캐나다를 여행하는 동안 어떤 환영식에 참석하게 되었는데, 옆자리에 완고한 감리교 목사가 있었다.

예쁜 웨이트리스가 셰리주 두 잔이 담긴 쟁반을 들고 나타났다.

그녀는 처칠에게 한 잔, 감리교 목사에게 한 잔을 권했다. 처칠은 잔을 받았으나, 술을 보고 깜짝 놀란 목사는 다음과 같은 말로 술을 거절하였다.

"아가씨, 술과 간음 중에 택일하라면 나는 간음을 택하겠소."

이 말을 들은 처칠은 그녀에게 손짓했다.

"아가씨, 이리 와봐요. 내가 다른 걸 택해도 되는 줄 몰랐네요."

재치 있는 말의 세 가지 요소

창피당하지 않고 말에 활력을 불어넣을 수 있는 방법을 고민하지 마라. 다음의 세 가지 원칙을 활용하면 재치 있는 말을 구사할 수 있을 것이다.
1. 현실적일 것
2. 보편적일 것
3. 낭독하지 말 것

대부분 연설의 주제는 미래를 위한 올바른 선택이 무엇인가를 말하는 것이다. 그러나 회사가 이전과 동일한 방향으로 나가기를 원한다면 다음과 같은 처칠의 일화를 인용하는 것도 좋다.

1900년에 26세의 처칠이 처음으로 하원의원에 선출된 뒤 미국으로 강연을 하러 가게 되었다. 그는 워싱턴에서 실패한 '남부연맹' 창설 운동에 헌신한 어느 여성을 만나게 되었다. 그녀는 자신이 한 일에 자부심을 가지고 있었으며, 마치 왕족 같은 분위기를 내고 있었다.

그녀는 공화당의 남부재건정책Reconstruction에 반대한 남부의 민주당원 집안 출신이었다.

그녀는 악수를 청하며, "처칠 의원님, 의원님의 눈앞에 지금 재건Reconstruction을 반대한 사람이 있습니다."라고 말하며 짐짓 자신의 신념을 어떻게 생각하는지 떠보았다.

처칠은 고개를 숙이며 깊게 파인 옷을 입은 그녀의 가슴을 보았다.

"부인, 부인께서 재건(Reconstruction: 유방재건수술)하신다면 신성모독 행위가 될 것 같습니다."

처칠은 '위인의 일화는 역사가 남긴 장난감이다.'라고 했다. 이 장난감으로 당신의 말에 생기를 불어넣어라.

법률이나 규제 때문에 골치가 아프다면 프랭클린의 일화를 소개하는 것도 좋겠다.

헌법이 만들어지기 전 1780년대에 미국은 국채로 인해 어려운 상황을 겪고 있었다. 어느 날 프랭클린은 벤자민 러시 목사, 토머스 제퍼슨과 모여 담소를 나누었다. 그러던 중 세 사람은 역사상 최초의 직업이 무엇인가에 관한 의견을 주고받게 되었다.

의사를 겸하고 있던 러시 목사는 의사야말로 사상 최초의 직업이라고 했다.

"외과 수술이 없었다면 아담의 갈비뼈에서 이브를 만들어낼 수 없었을 거야."

그러자 몬티첼로라는 유명한 별장을 지었던 제퍼슨이 대꾸했다.

"아니지. 건축가야. 세계를 무질서에서 구해낸 것은 바로 건축 가지."라고 대꾸했다. 듣고 있던 프랭클린이 대답했다.

"둘 다 틀렸네. 정치가라네. 마지막으로 그 무질서를 만든 것이 누구였겠나?"

어느 경영자는 주식투자가에게 자신이 시장의 흐름을 예측하지 못했음을 시인하면서 중동의 술탄sultan 이야기를 들려주었다.

중동 지역의 어느 술탄이 궁궐에서 영국의 외교사절을 맞이하 게 되었습니다. 술탄은 외교관을 신하처럼 다루고 싶었습니다. 그 래서 고안한 방법이 외교관이 들어오는 방과 황실을 좁은 터널로 연결하는 것이었습니다. 술탄은 외교관이 황실로 들어올 때 무릎 을 꿇은 상태로 알현하게 하고 싶었던 것입니다.

이 영국 외교관은 입궐하면서 겨우 자기 허리 높이만한 터널을 보았습니다. 외교관은 무릎을 꿇고 등을 돌린 채 거꾸로 기어서 터널을 통과했습니다. 황실 옥좌에 앉아 있던 술탄이 처음으로 본 부위는 바로 외교관의 엉덩이였습니다.

여러분, 이렇듯 경영자들이 미래를 예측하지 못했던 것은 어제 오늘의 일은 아니었던 것입니다.

꼭 위인의 일화가 아닐지라도 상관이 없다. 문제는 지금 맞닥뜨린 상황과 맥락이 닿는 신빙성 있는 이야기인가 여부이다.

스포츠계로 넘어가 보자. 어느 경영자가 LA 다저스의 전 감독이었던 토미 라소다Tommy Lasorda에 대한 일화를 들려준 적이 있었다.

회사의 설비 개선을 위한 문제점을 논의해 보는 것도 바람직합니다만, 그 전에 먼저 현실적인 조건부터 점검해 보아야 할 것입니다.

백전노장인 토미 라소다 감독이 LA 다저스를 맡고 있었을 때였습니다. 다저스는 시즌 내내 빈약한 공격력으로 내셔널리그의 하위권에서 맴돌고 있었습니다. 그때 네브래스카의 소도시를 둘러보고 온 스카우트 담당 직원이 라소다 감독을 찾아와 말했습니다.

"감독님, 거물급 투수가 될 만한 놈을 우연히 발견했습니다. 오늘 오후 이놈이 시합하는 것을 보았는데 그야말로 퍼펙트 게임이었습니다. 삼진 27개를 잡아내며 게임을 끝내 버렸습니다. 아무도 볼을 건드리지 못하다가 마지막 타석에 선 녀석이 파울 타구를 날렸을 뿐입니다. 제가 그 녀석을 지금 여기로 데리고 왔습니다. 감독님, 그 녀석의 입단 서명을 받아놓을까요?"

말을 들은 라소다 감독은 이렇게 말했습니다.

"아니요, 그 파울 볼이라도 친 녀석과 서명하시지요. 지금 절실한 것은 타자예요."

타인의 경험을 이용하라

아서 코난 도일Arthur Conan Doyle 경은 자기 소설의 주인공 명탐정 홈즈를 통해서 이런 조언을 했다.

셜록 홈즈가 웃으면서 말했다. '경험이란…… 비록 실제로 겪은 일이 아닐지라도 당신 자신의 언어로 변형해서 표현하기만 한다면 명성을 쌓아가며 나머지 인생을 보낼 수 있습니다.'

> 자신의 경험담을 잘 풀어내는 것이 재치 있는 말을 하는 한 가지 방법이다.

홈즈의 말은 좋은 강연을 하기 위해서는 타인의 경험일지라도 자신의 언어로 바꾸어 표현해야 한다는 뜻이다.

링컨이나 프랭클린, 루스벨트는 모두 뛰어난 이야기꾼이었다. 그들은 비록 간접적인 체험일지라도 자신이 실제로 경험한 것처럼 이야기를 했다.

'바로 그 세일즈맨'이나 '이 정신과 의사가'라고 말을 시작하면 사람들에게 그 이야기가 가상의 이야기임을 암시하는 꼴이 된다. 그러면 사람들의 관심은 시들해진다. 따라서 '고향의 어느 할머니가' 또는 '잘 아는 변호사에게 어떤 의뢰인이 찾아왔는데'라고 자신과 관계 있는 인물로 바꾸어 사람들의 관심을 이끌어야 한다.

먼저 강연에 적당한 이야기 소재를 찾아보라. 그리고 주인공을 자신이나 친구로 바꾼 이야기를 만든 다음 큰 소리로 연습해라. 눈을 감고 자기 언어로 말하라. 반복해서 자신만의 스타일로 말하다 보면 이야기가 실제로 자신이 체험한 것 같은 느낌이 든다.

다음은 필자가 어느 인쇄회사 사장에게 주었던 원고의 일부다.

최근 비즈니스라는 말은 점점 지저분한 단어가 되고 있습니다. '판매'라는 말은 욕설이 되었고, '수익'이라는 말에는 자긍심이 사라졌습니다. 그렇지만 아직까지도 저는 수익 창출은 비난이 아닌 격려를 받아야 되는 말이라고 생각합니다.

최근에 고등학교 동창생 모임이 있었습니다. 학창 시절에는 별로 눈에 띄지 않던 한 친구가 기사 딸린 롤스로이스를 타고 모임에 나타났습니다. 이 친구는 실린더나 파이프의 결합부를 메우는 자재를 만드는 중견 개스킷 회사의 사장이었던 것입니다.

같은 반이었던 저와 다른 친구들은 그렇게 아둔했던 녀석이 어떻게 갑부가 되었는지 궁금하지 않을 수 없었습니다. 그래서 우리는 이 친구에게 술을 잔뜩 먹인 후, 그렇게 큰 회사를 키운 비결이 뭐냐고 물어보았습니다.

그러자 이 친구가 대답했습니다.

"별로 어렵지 않았어. 나는 개스킷 하나를 1센트에 만드는 사람을 만났고, 그걸 5센트에 되팔았을 뿐이야. 그러니 4센트의 이익이 생기는 게 당연하잖아."

선의의 거짓말도 필요하다

사실 이 인쇄회사 사장에게 그런 동창이 있었던 것은 아니었다. 단지 그렇게 이야기를 꾸몄을 뿐이었다. 진실을 왜곡하는 것이 아니냐고 생각하지는 마라. 강연은 법정의 증언이 아니다.

예를 하나 소개하겠다. 필자가 아는 어느 경영자는 가상의 동창생을 만들어 이렇게 이야기했다.

저는 지금도 잊혀지지 않는 학창 시절의 수업이 있습니다. 그 시절 생물 선생님 중에 데이비슨이라는 분이 계셨는데, 수업 중에 가톨릭계 학교에서 전학 온 안젤라 디마르코라는 여학생에게 이런 질문을 던졌습니다.

"디마르코 양, 감정이 격해지거나 흥분하게 되면 정상 크기의 10배로 커지는 신체 부위가 어디지?"

안젤라는 부끄럼을 타며 선생님의 눈을 피했습니다.

"뭐…… 뭐라고 대답해야 할지…….."

그러자 선생님은 옆에 있던 남학생에게 물어보았습니다.

"클라크 군, 그 부위가 어디지?"

클라크는 또박또박 대답했습니다.

"동공입니다."

선생님이 말했습니다.

"디마르코 양, 대답이 시원찮은 것으로 보아 학생은 지금 세 가지 문제가 있어. 첫째, 어제 내준 숙제를 제대로 하지 않았다는 것, 둘째, 이상한 생각을 하고 있었다는 것."

선생님은 마지막으로 이렇게 말했습니다.

"디마르코 양, 마지막으로, 결혼해서 너무 실망하지 말라는 이 야기를 해주고 싶네."

그리고 그는 자연스럽게 자신이 하고 싶었던 말을 꺼냈다.

"여러분, 최근 시장의 경향을 읽지 못한다면 여러분은 커다란 실 망을 할 수밖에 없습니다."

어느 기업가는 충분한 투자금의 필요성을 역설하며 이런 경험을 들려주었다.

저는 근무 초기에 한 중부 지방 지점에서 근무를 하고 있었습니 다. 어느 날 저는 올해의 인물상을 수상하는 상공회의 오찬에 참 석하게 되었습니다.

수상자는 그 지역 은행의 이사였습니다. 그 도시에서 제일 큰 빌딩을 보유하고 있었고, 경비행기 회사의 소유주였으며, 또한 『포춘』지가 선정한 500대 기업에 포함되는 회사 두 곳의 이사였 습니다.

오찬에 참석한 임원진들은 30년 전 그분이 처음 나타났을 때를 묘사했습니다. 그들은 허름한 외투 한 벌에 달랑 보따리 하나만을 가지고 이 도시로 들어왔다고 했습니다.

그 지역 유지들이 그를 칭찬할 때 빠지지 않는 일화가 이 보따리 이야기였습니다.

그때 저는 신입 취재기자의 옆에 앉아 있었습니다. 그 기자나 저나 이 도시가 낯익지는 않은 상황이었습니다.

환호와 박수 속에 수상자가 일어났고, 과분한 환대에 감사드린다는 취지의 연설을 했습니다.

연설이 끝나자 이 신입 기자가 일어나 그분에게 질문을 던졌습니다.

"회장님, 30년 전 이 도시에 처음 왔을 때 보따리 안에 든 것이 무엇이었습니까?"

"아마 그때 내가 채권 10만 달러와 예금증서 10만 달러를 가지고 왔었던 것 같소."

이야기를 만들어라

벤자민 프랭클린은 이야기를 만드는 데 시간을 투자하라고 했다. 다음은 어느 제화공의 이야기이다. 플랭클린이 어떻게 이 이야기를 자기 언어로 바꾸었는지 살펴보라.

제가 아는 필라델피아의 어느 제화공은 근간에 동생이 사는 뉴욕으로 여행을 떠날 예정이었습니다. 그 때문에 그는 자기 말을 관리해줄 마구간을 찾아다녔습니다.

첫 번째 마구간의 주인이 말했습니다.

"관리 비용은 한 달에 20달러지만 사료비 2달러는 공제해 드립니다."

"20달러! 정말 터무니없네요."

그는 이렇게 말하고 두 번째 마구간을 찾아갔습니다. 그 주인은 말했습니다.

"한 달에 10달러입니다. 그래도 사료비 1달러는 제외한 겁니다."

그는 고개를 내저으면서, 주인에게 더 싼 곳은 없는지 물었습니다.

"글쎄요, 시외에 한 노인이 운영하는 마구간에서 한 달에 5달러 한다고 합니다만."

그는 그 즉시 노인을 찾아갔다.

"맞습니다. 저희 마구간은 사용료가 5달러입니다."

"사료비는 어떻게 되는 겁니까?"

"사료비요? 한 달에 5달러밖에 안 되는데, 사료비가 있겠습니까?"

여기 필자가 제일 좋아하는 '현실적인realistic' 이야기가 있다. 필자는 이 이야기를 몇몇 기업 경영자들의 강연문에 넣었다.

몇 주 전 저는 식당에서 옛 친구를 우연히 만났습니다. 나는 그

친구에게 딸 제니퍼가 대학생활을 잘하고 있는지 물었습니다.

친구는 고개를 저으며 주머니에서 편지 한 장을 꺼내서 보여주었습니다. 저는 그 편지를 읽고서 한 부 복사했습니다. 지금 이 편지가 바로 그 편지입니다. (여기서 연사는 주머니에서 편지를 꺼낸다)

엄마, 아빠에게

전 크리스마스에 집에 돌아가지 않을 거예요. 저는 이제 학교를 그만두고 네팔로 갈 것입니다. 전 임신한 상태고, 남자친구는 불교를 믿어요. 저는 곧 히말라야 산꼭대기에 있는 남자친구의 집으로 갈 겁니다.

사랑하는 딸
제니

추신: 저는 임신하지 않았어요. 불교 신자가 될 것도 아니구요. 네팔에도 안 갈 거예요. 이번에 제가 수학과 생물학에서 낙제했어요. 하지만 앞으로 나아지겠죠.

그럼 크리스마스에 가겠습니다.
제니

이 여대생 이야기는 최근 당면한 문제를 논의하는 간부회의에서 쓰면 효과가 있다.

그럼 당신은 이렇게 물을 것이다. 이제 보편적이고 현실적인 이야기를 해야 한다는 말은 이해하겠는데, 세 번째의 낭독하지 말라는 말은 무슨 뜻인가요?

극적으로 표현하라

강연 중간에 재미있는 이야기를 인용할 경우 메모를 활용하라.
프랭클린과 레이건 대통령이 이런 방법을 사용
했다. 그들은 거의 외우다시피 이런 이야기들을
자주 꺼냈다.

재미있는 일화나 이
야기는 낭독하지 말
고 자기의 경험담을
말하듯 들려주라.

레이건은 처칠의 일화로 사람들을 즐겁게 했다.

윈스턴 처칠이 영국 여성금주협회의 초청으로 1953년 사보이호
텔 무도회장에서 연설을 하게 되었습니다.

여성 회장은 78세의 전직 총리를 소개하면서, "처칠 선생님, 저
희 조직은 선생님의 지도력을 존경하고 있지만 선생님의 음주 버
릇은 도저히 용인해드릴 수가 없습니다."라고 말했습니다. "실제
로 선생님이 평생 드신 와인이나 위스키, 브랜드를 이 강연장에
모두 쏟아부으면 아마 턱밑까지 찰 것이라고 생각합니다."

처칠이 이렇게 응답했습니다.

"회장님, 저는 회장님의 지적이 정확하다고 생각합니다. 하지만
제가 이 방 천장 높이와 제 나이를 고려해보니 회장님 말씀대로
되려면 아직도 더 많이 마셔야 할 것 같습니다. 그리고 아직도 더

살아야 한다는 생각이 드네요."

필자는 제2차 세계대전에 참전한 기업가에게 이런 이야기를 만들어 주었다.

저는 노르망디 상륙작전에 참전했던 전우들과 함께 다시 노르망디 해안을 찾아갔습니다. 한 전우가 D-데이 전에 겪었던 이야기를 들려주었습니다.

상륙작전 바로 전에 영국에는 수천 명의 군인들이 머물고 있어서 기차는 늘 만원이었습니다. 간밤에 한숨도 못 잔 젊은 미국 병사가 영국 남부의 브리스틀에서 열차를 탔습니다.

병사가 들어간 칸은 원래 6인용 좌석이었는데, 사람이 다섯 명에 강아지 한 마리가 있었습니다. 이 미국 병사는 강아지 주인인 아주머니에게 다가가 부탁했습니다.

"아주머니, 자리에 앉아도 되겠습니까?"

그러자 아줌마는 말했습니다.

"아니요, 안 돼요."

한 15분쯤 계속 서 있다가 피곤해진 병사가 되물었습니다.

"아주머니, 어제 한잠도 못 잤습니다. 제 무릎에 강아지를 안고 앉으면 안 되겠습니까?"

"안 된다니까요."

아주머니는 단호했습니다. 30분이 지났습니다. 다시 병사가 물었습니다.

"30분이 넘도록 서 있었습니다. 제가 24시간 동안 휴가를 받았거든요. 잠시 앉아 있으면 안 되겠습니까?"

"이봐요, 젊은이. 정말 형편없는 사람이군요."

아주머니는 강아지를 꼭 끌어안으며 대꾸했습니다. 그러자 이 병사는 문을 열어젖히더니 강아지를 창밖으로 내던졌습니다. 그리고 자리에 앉았습니다. 잠시 후 맞은편에 앉아 있던, 수염이 더 부룩한 어느 장성이 말했습니다.

"그게 바로 미국인들의 문제야. 항상 우리와는 반대로 행동한다니까. 차도 반대로 몰고, 포크도 반대편 손에 쥔단 말이지. 이제 방금 내던진 암캐도 반대 걸로 골랐군."

이런 이야기를 책 읽듯이 또박또박 읽는다면 마치 시체가 글을 낭독하는 것과 같을 것이다.

강연을 시작하기 전에 두서너 번 큰 소리로 연습을 해라. 그리고 기억을 상기시킬 수 있는 몇 마디 말로 메모를 해라. 강연 때는 메모지를 보며 기억을 환기시켜라. 말할 때는 절대 메모지를 보지 말고 사람들을 향해 시선을 두라.

이 장을 처음 시작하면서 필자는 농담으로 강연을 시작하지 말라는 말을 했다.

그 예로 처칠은 허풍이나 농담으로 강연을 시작하지 않았다고 했다. 하지만 처칠도 그 농담이 강연 전체의 요지를 담고 있을 때는 예외적으로 사용했다. 처칠은 이렇게 말을 시작하며 히틀러에 대한 유화정책을 비판했다.

어린 시절 저는 그 유명한 바넘 앤드 베일리 서커스단이 런던에서 공연하기를 빌곤 했습니다. 그런데 유모가 절대 보지 말라고 했던 쇼가 하나 있었습니다.

"얘야, 그건 차마 눈뜨고는 못 볼 끔찍한 장면이란다."

유모는 제게 말했습니다. 그 쇼는 '무골 인간Boneless Wonder'이라는 공연이었습니다. 그런데 그 후 30년이 지난 후 저는 그 사람을 보게 되었습니다. 그 사람을 어디서 본 줄 아십니까?

서커스 공연장이 아닙니다. 바로 여기 상원 국회의사당에서입니다. 저기 맨 앞좌석에 '무골호인無骨好人'들이 앉아 있습니다.

처칠은 이렇게 총리와 외무장관의 뼈대 없는 유화정책을 비판했던 것이다.

사람을 소개할 때도 재담을 사용하면 좋다. 필자는 뉴욕에서 활동하는 어느 변호사를 이렇게 소개한 적이 있었다.

오늘 강연해주실 분은 많은 경험과 역량으로 탁월한 업적을 성취하신 분입니다. 이분은 제 조카와 하나도 닮은 구석이 없습니다. 어느 날 학교 성적표를 받아 본 조카 녀석은 간신히 용기를 내어 아버지에게 보인 적이 있습니다. 아버지가 D와 F만 수두룩한 성적표를 보더니, 성적이 왜 이 모양이냐며 면박을 준 모양입니다. 그러자 조카는 이렇게 말했다더군요.

"아버지는 그 이유가 유전 탓이라고 생각해요, 아니면 환경 탓이라고 생각해요?"

여러분, 지금 소개하는 이분은 프린스턴 대학을 최우등생으로 졸업하고 맨해튼 법률회사의 소송담당 국장으로 계신 분입니다. 그러니 이분이 풍부한 경험뿐만 아니라 머리 좋은 부모도 갖고 있는 분이 맞지 않겠습니까?

어느 식품회사의 사장은 올해의 세일즈맨을 소개하면서, 링컨의 일화를 먼저 인용했다.

미국 남북전쟁 시의 북군 총사령관이었던 그랜트 장군은 1864

년 당시 남부군과의 전쟁에서 연승을 거듭하며 남쪽으로 진군하는 몇 안 되는 장성이었습니다.

어느 날 국방성 장관이 그랜트 장군의 첩보를 가지고 링컨을 찾아왔습니다.

"대통령님, 이 첩보에 의하면 그랜트 장군이 막사에서 술에 절어 지내는 것을 목격한 사람들이 있답니다."

수염이 덥수룩한 링컨이 심드렁하게 되물었습니다.

"그래요? 그 첩보에 그랜트 장군이 먹는 위스키가 무엇인지 쓰여 있습디까?"

"대통령님, 갑자기 왜 그런 말씀을······."

장관이 어리둥절해했습니다.

"왜냐하면 말이죠. 나는 지금 장군이 먹는 그 위스키를 다른 장군에게도 한 박스 보내주고 싶은 심정이라오."

여러분, 지금 저도 우리 동료 딕 스탠디 씨가 아침 식사로 무엇을 먹는지 그리고 제일 좋아하는 술은 무엇인지 알고 싶을 따름입니다.

왜냐하면 다른 분들에게 딕이 마시고 먹는 술과 음식을 권해드리고 싶기 때문입니다.

유머로 시작하고 유머로 끝내기

유머는 2분 정도가 적당하며, 말머리에 혹은 마무리를 하며 쓰는 것이 효과적이다.

기업 연수회의의 일요 조찬 연설이라면 다음과 같이 마무리해도 좋을 것이다.

저는 지난 며칠 동안의 시간에 대해 감사의 마음을 전해드리고 싶습니다. 유익하고 즐거운 시간이었습니다. 이 기간에 필라델피아에서 제 아내를 위한 결혼기념 선물을 사러 갔을 때 어떤 옷가게에서 일어난 사건을 연상시켰습니다. 제가 가게로 들어가자 점원이 어떤 젊은 사내를 쫓아내려고 고래고래 소리를 지르고 있었습니다. 나중에 저는 점원에게 무슨 일이 있었는지 자초지종을 물어보았습니다. 점원의 말인즉 이러했습니다.

이 사내가 지난 주 금요일에 금발 미녀와 함께 찾아왔었습니다. 이 사내는 여기서 최고가의 모피 코트를 보여달라고 했습니다. 수상한 느낌이 들긴 했지만 점원은 그래도 최고가의 질 좋은 다람쥐 모피를 가지고 왔습니다.

사내는 "도로 가져가세요."라고 말했습니다. "무슨 말인지 모르겠어요? 이 가게에서 제일 비싼 옷을 가져오라 하지 않았습니까?"

점원은 비버 코트를, 다음에 물개 코트, 그 다음에는 너구리 코트를 가지고 왔지만 모두 거절당했습니다. 그래서 점원은 마지막으로 5천 달러짜리 밍크 코트를 가지고 나왔습니다.

사내가 밍크 코트를 보더니 눈을 크게 떴습니다. 그리고 그 미녀를 돌아보며 "바로 저거야. 어떤지 한번 입어봐."라고 했습니다.

"이걸로 하겠습니다. 가서 제 신용카드를 확인해보시고 코트 뒤에 '버니'라고 수놓아 주세요. 내가 월요일에 코트를 찾으러 오겠습니다."

사내가 말했습니다.

"물론이죠, 손님. 분부하신 대로 하겠습니다."

점원이 대답했습니다.

월요일이 되자 이 코트를 사겠다는 사내가 혼자 나타났습니다. 사내가 들어오자 점원은 주먹을 불끈 쥐고 달려왔고 매장관리자, 구매과장, 점주와 신용관리자가 따라 나왔습니다. 모두가 사내에게 소리를 내질렀답니다.

"네놈을 기다리고 있었다."

화가 난 신용관리자가 말했습니다.

"땡전 한 푼 없는 신용카드더구만. 눈깔사탕 하나 사 먹을 돈도 없었어."

그러자 사내는 이렇게 이야기했습니다.

"좀 진정하십시오. 여러분 가게에서 나는 아무 물건도 가져간 적 없습니다. 오늘 여기 온 이유는 지난 주말을 즐겁게 보내게 해줘서 감사했다는 말씀을 드리러 온 것입니다."

필자가 어느 오찬회에 참석했을 때 일이었다. 오찬이 끝날 무렵 어떤 기업가가 주최자에게 건배를 제안한 후에 처칠의 일화로 감사의 말을 대신했다.

저는 이토록 융숭한 대접을 해주신 주최자에게 감사드립니다. 이 만찬은 분명 처칠이 경험했던 것보다 훨씬 더 훌륭한 대접인 것 같습니다.

처칠의 한 친구가 지난 금요일에 있었던 만찬에 대해 묻자 처칠은 이렇게 대답했습니다.

"샴페인이 시가만큼 건조했다면, 포도주가 수프만큼 차가웠더라면, 비프가 서비스만큼 훌륭했더라면, 브랜디가 치킨만큼 오래 묵었다면, 닭가슴살이 웨이트리스 가슴만큼 풍만했더라면, 웨이트리스가 의원들만큼 다정했더라면 더할 나위 없이 만족스러운 만찬이 되었을 텐데."

처칠처럼 재치 있는 말을 구사하고 레이건처럼 이야기꾼이 되라. 일화를 현실적이고 보편적으로 만들라. 그리고 단순히 외워서 말하기보다는 당신만의 언어로 말을 하라. 기억을 돕기 위해 필요하다면 재빨리 메모지를 훔쳐보는 기술도 필요하다. 레이건이 언급한 적이 있듯이 유머의 비결은 전달하려는 메시지에 재미를 가미하는 것이며, 역으로 재미있는 이야기에 메시지를 덧씌우는 것임을 명심하라.

우화는 설득력에
구체성을 부여한다

햇살 같은 우화를 통해서
— **딜란 토머스**

예수는 결코 '구원'이라는 말을 사용하지 않았다. 구원이라는 말이 처음 사용된 것은 사도 바울이 서신을 쓰면서이다. 예수는 술과 여자에게 시간을 소비한 탕아가 돌아와 "아버지, 저를 용서하시고 한 번만 더 기회를 주십시오."라는 말을 했다고 말한 적밖에 없었다. 이 말이 예수의 구원이었다.

문맹자였던 양치기나 어부들 앞에서 예수가 '구원'이라는 말을 했다면 그들이 이해했을까? 그것은 마치 카우보이들을 두고 목장에서 밧줄을 던지고 가축에 소인을 찍는 일을 합쳐 '시너지synergy'라고 하는 것과 똑같다. 사람들은 '구원'이나 '시너지'같이 추상적인 단어를 쉽게 그려볼 수 없다.

예수가 사망한 후 몇 년이 지나 사제들이 신약성서를 쓸 때 예수

146

의 설교를 기억하고 그 말을 적어 내려갔다. 왜냐하면 예수는 늘 우화를 써서 추상적인 선善을 설명했기 때문이다.

추상적인 관념을 이해시키는 우화

'인간애'라는 말도 추상적인 개념이다. 예수는 이 개념을 설명하기 위해 지금으로 말하면 노숙자인 초라한 사내가 길바닥에 쓰러져 있는 상황을 예로 들었다. 유대인들은 그를 도와주지 않았지만 사마리아 사람만은 그 옆으로 다가와 간호해 주었다고 했다. 여기서 '인간애'는 착한 사마리아 사람으로 구체화되었다. 현재 착한 사마리아 사람이라는 뜻은 타인들에게 봉사하는 생활을 하는 사람들을 지칭하는 관용어로 바뀌었다. 우화는 추상적 개념을 구체적으로 형상화시킨다.

우화의 힘은 링컨의 일화에서 잘 드러난다. 1864년의 대통령 선거에서 링컨은 재선이 불투명했다. 적어도 공화당 정치인들은 그렇게 생각했다. 링컨은 펜실베이니아 주의 스티븐스 의원에게 그의 법률 사무소가 있는 게티즈버그에서 같이 연설하자는 초청장을 보냈으나 거절당했다. 스티븐스는 '죽은 자가 죽은 자를 파묻는 꼴'이라며 비웃었다.

당시 링컨의 가장 큰 장점은 대통령직 경험이 있었다는 것이었다. 그래서 링컨은 강물 한가운데서 말을 갈아 타지 않는 일리노이 주

농부 이야기로 사람들의 환심을 샀다.

이 우화로 링컨은 농부들을 지지자로 끌어들였고 선거에서 승리했다. 되풀이하지만 우화를 말하면 사람들은 쉽게 정황을 파악할 수 있고, 추상적인 관념을 구체화할 수 있다.

경험이란 말은 실감할 수 없는 모호한 말이다. '저는 ~한 경험이 있습니다.'라고 말하면 씨알도 먹히지 않는다.

관념을 구체화하라

처칠은 자신의 '수사학의 발판Scaffolding of Rhetoric'이라는 노트에서 추상적인 관념은 한쪽 귀로 듣고 한쪽 귀로 흘려보내기 마련이라 특정한 이미지나 이야기로 구체화되지 않으면 머리에 남지 않는다고 했다. '무골호인'에 대한 이야기로 줏대 없는 정치인들을 비유한 것은 이러한 이유에서였다.

사람들에게 개념을 이해시키고 기억시키려면 그 개념을 구체화해야 한다.

잘 아는 어느 벤처회사의 사장은 투자가와 상담을 하며, 투자금을 두 배로 늘리기 위한 설득 작전에 들어갔다. 이 사장은 은퇴한 어느 동료의 이야기로 자신의 의사를 구체화시켜 전달했다.

직장을 일찍 그만둔 제 친구 밥에 대한 이야기입니다. 이 친구는 직장을 그만두고 아내의 고향에서 아내와 함께 잡화점을 운영했습니다.

148

몇 년이 지나자 잡화점이 도산했습니다. 이 부부는 잡화점에 필요한 용기, 프라이팬, 간이 침대, 야채 통조림, 구두, 셔츠, 손전등, 트럼프 등 이것저것 모두 구입했습니다. 그런데도 물건이 나가지 않았던 것입니다. 이 부부는 잡화점을 운영하는 데 그렇게 많은 비용이 드는지 전혀 예상하지 못했기에 그렇게 된 것이었습니다. 투자금이 부족할 때는 늘 이런 일이 발생하기 마련입니다.

이 이야기는 투자가의 마음을 움직였으며, 투자가는 사장의 말대로 투자액수를 두 배로 늘리는 데 합의했다.

설득의 귀재 프랭클린

벤자민 프랭클린은 역대 미국 대통령들처럼 멋진 말로 대중을 설득하는 스타일은 아니었지만, 어느 누구에게라도 통할 만한 이야기로 상대방의 마음을 움직이는 방법을 알고 있었다.

프랭클린은 미국에서 처음으로 자수성가한 백만장자라고도 할 수 있다. 프랭클린은 우편번호, 프랜차이즈, 환불보증제와 같은 현대적인 시스템을 도입하였다. 또 그는 타고난 세일즈맨이었다. 그는 이런 자신의 노하우를 이용하여, 영국으로부터 미국을 독립시키는 데 기여하기도 했다.

프랭클린의 외교력이 없었다면 프랑스의 루이 왕을 설득시키지 못했을 것이고, 워싱턴 장군의 독립군은 전비를 마련하지 못했을 것이다. 그랬다면 독립선언문도 없었을 것이고, 헌법도 작성되지 못했을 것이다.

프랭클린이 외교사절로 베르사유의 화려한 무도회장에 참석했을 때였다. 프랭클린은 무도회장에서 국왕 루이 16세와 마주쳤다. 국왕과 담소를 나누던 중 프랭클린은 '비쩍 마른 여자'를 가리켰다. 프랭클린은 왕이 풍만한 여성을 좋아한다는 것을 알고 있었지만 짐짓 모른 체하며 "폐하, 저기 저 여자 참 아름답네요."라고 말했다.

왕은 점잖게 말했다.

"글쎄요, 대사. 하느님도 참 야속하시네요. 저 풍만한 복장하고는 전혀 어울리지 않으니 말이요."

"옳으신 말씀입니다, 폐하. 하지만 폐하께서는 하느님처럼 야속하지 않으셔도 됩니다. 지금 우리나라는 저 여성과 같은 문제를 안고 있습니다. 바로 도저히 메우기 힘든 재정적자입니다."

왕은 파안대소했고, 프랭클린은 대금을 빌릴 수 있었다.

프랑스 외무장관이 영국의 압도적인 군사적 우위에 어떻게 대항할 것인지를 물었을 때, 프랭클린은 이렇게 대답했다.

가톨릭 신부와 기독교 목사가 운명에 대해 논쟁을 벌인 적이 있습니다. 신부가 물었습니다.

"목사님, 목사님은 정말 운명을 믿으십니까?"

목사는 고개를 끄덕이며 동의를 표했습니다.

"제 말은요, 진실로 운명을 받아들이느냐 이 말씀입니다."

"예."

목사는 대답했습니다.

"운명을 받아들인다고요?"

"그래서 저는 제가 어디로 가는지 모르는 가톨릭 신자가 되느니 지옥에 간다는 것을 아는 기독교 신자가 되었습니다."

장관님도 아시다시피 저희는 운명을 개척하기 위해 자진해서 지옥에 뛰어들 각오가 되어 있습니다.

위인들의 일화를 수집하라

필자는 커뮤니케이션에 대한 강연을 하면서, 생명보험을 중심으로 재정서비스 사업에 종사하는 보험원들의 국제적 모임인 '백만 달러 원탁회의Million Dollar Round Table'의 회원인 보험회사 경영자를 만난 적이 있다. 그는 필자에게 이런 말을 했다.

선생님, 저는 대학을 다니지 않았습니다. 그래서 세금 징수를 피할 수 있는 증여과실 같은 법률적 지식이나 그럴듯한 정책 대안도 만들어낼 능력은 없습니다. 하지만 저는 보험에 들지 않으면 무슨 일이 생기는지 들려주면서, 사람들을 공포감에 빠뜨릴 수는 있습니다.

선생님, 저는 보험에 들지 않는 사람들에게 벌어진 이야기, 머리칼을 쭈뼛거리게 하는 무시무시한 이야기를 모아왔습니다. 통곡하는 미망인의 이야기와 집 없는 고아들이 겪는 처지에 대한 이야기들 있죠. 보험만 들었다면 이런 일은 생기지 않습니다.

제 수첩에는 보험에 가입하지 않아 생긴 슬픈 이야기와 우스운 이야기가 무수히 들어 있습니다. 어떤 이야기는 눈물나게 하고, 또 어떤 이야기는 웃음을 불러들이죠.

이렇게 해서 저는 보험을 팔았습니다. 그리고 아시다시피 이제 제 사위가 이 일을 하게 되었습니다.

저는 제 사위에게 이렇게 말했습니다. "자네의 일이란 하루에 한 가지씩 이야기를 파는 것"이라고.

필자는 그 어떤 상황이나 주제에도 다양하게 적용할 수 있는 일화를 많이 수집했다. 필자가 백악관의 연설문 작가가 된 것은 필자가 언어 기술자였기 때문이 아니라 위인들의 일화를 많이 수집해 놓았기 때문이다. 미국의 언론인이자 닉슨정부의 연설문 작가인 윌리엄 새파이어William Safire는 워터게이트 사건 이전 닉슨정부에 대한 기록문인 『멸망의 이전』이라는 저서에서 닉슨이 '왜 당신은 제임스 흄스와 같은 일화를 못 내놓는 것이요?'라고 말했다고 한다.

닉슨 대통령은 각료 한 명이 사퇴했을 때 필자에게 도움을 요청한 적이 있었다. 필자는 닉슨에게 다음과 같은 이야기를 보내주었다.

토머스 제퍼슨이 주 프랑스 대사로 취임하면서 자신의 임명장을 제시하기 위해 프랑스에 도착했을 때, 프랑스 총리가 물었습니다.

"제퍼슨 대사, 프랭클린을 대신하기 위해 오신 것입니까?"

"아닙니다, 총리님."

제퍼슨이 대답했다.

"프랭클린 대사를 대신할 수 있는 사람은 아무도 없습니다. 저는 단지 대사를 계승하러 온 사람일 뿐입니다."

이 일화의 장점은 기억하기가 아주 쉬웠다는 점이다. 닉슨은 다음 날 연설문을 따로 준비하지 않았다. 프랭클린과 제퍼슨, 그리고 '계승'과 '대신'이라는 두 단어만 머릿속에 넣어두면 되었기 때문이다.

그리고 닉슨은 이렇게 말을 마쳤다.

"아무도 이분의 경험과 지식, 헌신적 행정 활동을 대신할 사람은 없을 것입니다."

우화의 힘은 한 강연을 계기로 세워진 대학이 잘 증명하고 있다. 이 대학은 러셀 콘웰 목사Russel H. Conwell가 설립한 템플 대학이며, 그 강연은 '다이아몬드의 땅'이라고 불렸다. 그의 메시지는 좋은 기회란 멀리 있는 것이 아니라 바로 당신의 뒷마당에 있을 수 있다는 것이다. 당신의 개인적인 일화나 경험을 파내서 응용한다면 어쩌면 행운이 당신을 기다리고 있을지도 모를 일이다.

어느 기업가는 주주총회에서 연구조사를 더 많이 할 필요가 있다는 내용의 강연을 했다. 그는 동생이 해안가에 사는 가족을 방문했을 때 갑자기 급류가 몰아쳐 동생이 익사 일보 직전까지 갔었다는 이야기를 했다. 그 급류는 오후만 되면 규칙적으로 반복되는 것이었기 때문에, 그 지역에 대한 정보만 있었다면 그 같은 불상사는 없었을 것이라고 했다.

스스로의 경험을 활용하라

스스로의 경험을 더 들어 보라. 사람의 인생은 이야기의 보물창고이다.

어느 경영자는 회사의 영업사원들이 적시적소에 방문해야 하는 문제의 중요성에 대해서 강연하고 싶어 했다.

필자는 그래서 어떻게 부인을 만났는지를 물어보았다. 그는 어리둥절해하며 말했다.

"아내를 만난 일이 무슨 관련이 있다는 것입니까?"

"사장님, 그게 바로 적시적소에 관련된 일 아니겠습니까?"

이야깃거리가 눈앞에 있지만 경영자들은 자기 경험을 말하기 꺼린다. 하지만 그 경험을 타인들과 조금씩 공유하게 되면 상대방에게 그만큼 호감과 신뢰를 얻고, 설득도 더 용이해진다.

어느 기업가와 강연 때문에 상담을 한 적이 있었다. 그는 사원들에게 지속적인 방문 활동이야말로 경쟁자들을 물리치는 힘이라고 말하고 싶었다. 상담 과정에서 필자는 그가 텍사스 고등학교에서 미식축구 선수생활을 했다는 것을 알게 되었다. 그에게 게임 중에 있었던 경험을 살려 이야기할 것을 제안했다.

"수중 경기에서는 단 한 번의 긴 공중 패스보다 짧고 효과적인 패스를 여러 번 하는 것이 중요합니다."

이야기나 우화를 통해 자신의 주장을 구체화시켜라.

경영자를 위한 실증적인 사례

논지를 뚜렷이 부각하는 실제 사례를 말하라. 예를 들어 당신의 주안점이 변화에 대한 예측과 응전이라고 한다면 「5달러 10센트」의 주인공 울워스Woolworth와 크레스지Kresge에 대한 사례가 그 좋은 본보기가 될 수 있다.

울워스가 처음으로 도심에 균일상점을 도입하여 성공하자 크레스지도 이를 모방했다. 하지만 크레스지는 미래에 도심상권이 사라지고 쇼핑몰 중심의 새로운 상권이 형성될 것으로 예측하여 점포개혁을 단행, 케이마트K-mart를 탄생시켰다. 그래서 울워스의 균일상점은 문을 닫았지만, 크레스지의 케이마트는 아직도 건재하다.

'변화를 위한 변화'에 제동을 걸고 싶다면, 말하자면 변화가 '탈출

구 모색'의 한 방편으로 남는 것에 대한 반론을 제기하고 싶다면 코카콜라의 실패 사례를 예로 들면 좋을 것이다. 1970년대 코카콜라 사는 청년층을 공략하기 위해서 '고전적'인 맛을 변형시키려 했지만 참담한 실패로 끝나고 말았다.

새로운 전략을 세워야 한다는 주장을 하고 싶다면 말보로Marlboro 담배의 변화를 예로 드는 것이 좋겠다. 필립모리스 사는 1942년 'Marlborough' 라는 여성용 담배를 출시했다. 그러나 1954년 'Marlboro'라는 이름과 함께 광고에 카우보이 모자를 쓰고 말을 타고 있는 전직 미식축구 선수를 등장시켜 남성용 담배로 바꿨다. 이 남성미 넘치는 사내는 나중에 말보로맨이 되었다.

> 먼저 경제신문이나 주간지에서 자신의 상황에 맞는 사례가 있는지 확인하라. 그 사례를 자신이 말하고자 하는 광고나 영업, 연구조사의 문제에 적용시켜라.

새로운 전략에 반대하고자 한다면 웨지우드Wedgwood 자기사瓷器社를 예로 들어 설명하면 되겠다. 1970년대의 웨지우드 사는 판매 촉진책의 일환으로 저가정책을 썼지만 막대한 손해를 보고 결국 워터포드Waterford 사에 매각되었다.

적절한 몸짓은
강한 울림을 만든다

군자는 말한 대로 행하고 행한 대로 말한다.
— **공자**

1964년 8월, 90세의 처칠은 영국의 병원에서 투병 중에 있었다. 그때 노르망디 상륙작전 20주년을 기념하기 위해 프랑스에 와 있던 아이젠하워 장군이 병문안을 위해 찾아왔다. 아이젠하워가 방 안으로 들어오자 처칠은 아무 말 없이 가늘고 여윈 손을 침대 테이블 옆으로 내밀었다. 두 사람의 손이 포개어졌다.

침묵이 흘렀다. 두 거인은 지난 시절 대의를 위해 함께 투쟁했던 추억을 조용히 공유하고 있었다. 십여 분이 조용히 흘렀다. 두 개의 국가, 두 명의 지도자, 두 명의 친구…… 처칠은 오른손을 빼내며 천천히 승리의 브이자를 흔들어 보였다.

병실을 떠나며 축축이 젖은 눈길로 아이젠하워가 한 참모에게 말했다.

방금 나는 처칠에게 안녕이라고 했지만 그 용기와는 작별하지 않았습니다.

몸짓, 말보다 많은 것을 전달한다

몸짓이 말보다 더 많은 이야기를 할 때가 있다. 캘빈 쿨리지 이상으로 말이 없었던 미국 대통령은 조지 워싱턴이었다.

워싱턴은 연설을 거북해했다. 그는 이복 형인 로렌스의 그늘에서 형을 흠모하며 자랐다. 형은 영국 기숙사학교에서 교육을 받았으며, 영국 해군의 장교가 되었다.

로렌스에게서는 세련된 영국 신사의 멋이 우러나왔다. 문맹자나 다름없었던 어머니를 따라서 가족이 운영하는 과수원에 살게 된 워싱턴은 형에게 열등감을 느끼며 자랐다.

워싱턴은 13세가 되자 키가 무려 190센티미터를 넘었다. 외모는 반半어른이었으나 그에 어울리지 않게 수줍음을 타고 말도 어눌했다. 워싱턴은 가능한 한 말을 하지 않기로 마음먹었다.

> 워싱턴은 말보다는 몸짓으로 표현하기로 했다. 그 결과 워싱턴은 '과묵한 사람'의 전형이 되었다.

20세기 초 작가 오언 위스터Owen Wister는 『버지니아인The Virginian』이라는 소설을 썼는데, 그 주인공은 워싱턴을 모델로 한 버지니아 출신의 카우보이였다. 초기의 영화 감독들도 이런 유형의 인물을 많이 창조했다. 게리 쿠퍼나 존 웨인, 클린트 이스트우드 같은 유명 배우들도 워싱턴 같은 성격의 주인공을 연기했다.

워싱턴은 1781년 침묵의 힘을 증명했다. 고향으
로 돌아가기 전, 워싱턴은 뉴욕의 한 주점에서 장
교들과 작별 인사를 했다. 워싱턴은 아무 말도 하
지 않았으며 악수도 하지 않았다. 한 사람씩 눈을 맞추며 고개를 끄
덕였고, 천천히 다음 사람에게 걸음을 옮겼다. 어떤 장교는 그 순간
을 회상하며, 일생에서 가장 의미심장했던 때라고 말했다.

> 사람의 몸짓이란 말로 다 할 수 없는 영혼의 표현이다.

이 장교들은 1786년 다른 의미에서 워싱턴의 몸짓을 보아야만 했
다. 전 독립군 장교들이 밀린 봉급의 지급을 요구하며 필라델피아에
서 서쪽으로 10마일 떨어진 농장에 집결하여, 필라델피아 정부를 공
격하겠다며 시위하고 있었다.

농장에 도착해 장교들을 대면한 늙은 모습의 워싱턴 장군은 외투
에서 성명서 한 장을 꺼냈다. 그리고 주머니에서 안경을 꺼내 쓰며
이렇게 말했다.

여러분, 죄송합니다. 국정을 돌보느라 눈이 침침해졌네요.

그 전까지 안경을 낀 워싱턴의 모습을 본 적이 없던 장교들은 모
두 안타까워했다. 심지어는 눈물을 글썽이는 장교도 있었다. 그리고
그들은 모두 흩어졌다.

그 후 12년이 지난 1798년에 영불전쟁이 일어났다. 이때 워싱턴
은 양국 사이에서 중립을 지키고자 애썼으나, 독립전쟁 당시 동맹국

이었던 프랑스를 지원해야 한다는 여론이 확산되어 사람들을 자극했다.

어느 날 저녁 3백 명의 군중들이 몽둥이와 총을 들고 필라델피아의 대통령 관저로 들이닥쳤다. 워싱턴은 창가로 다가가 팔짱을 낀 채 냉정한 눈으로 반란군들을 응시했다.

반군의 수장은 창문을 사이에 두고 워싱턴과 대면하게 되었다. 그는 차갑고 단호한 워싱턴의 눈을 보고 슬금슬금 뒤로 내빼기 시작했다. 반란군들은 모두 물러났다.

다시 말하지만 몸짓은 말 이상의 것을 전달하는 힘이 있다.

몸짓으로 위기를 넘긴 클린턴

공적으로나 사적으로 워싱턴은 전혀 하자가 없는 군인으로 평생을 살았다. 따라서 클린턴과 워싱턴을 비교하는 것이 그 품성이나 청렴성 면에서 워싱턴을 모욕하는 행위라고 생각할 사람도 있을 것이다. 하지만 보디랭귀지라는 측면에서 클린턴도 워싱턴 못지않은 인물이다.

클린턴은 재임기간 중 화이트워터 게이트 사건, 모니카 르윈스키 사건, 폴라 존스 성추행 사건, 후아니타 브로드릭과의 강간 피소건, 링컨 호텔의 침실 대여 사건, 국회의 대통령 탄핵소추와 같은 스캔들뿐 아니라 아칸소 주 횡령사건과도 연루되어 있었다.

다른 사람이었으면 벌써 끝장났을 각종 스캔들에도 불구하고 클린턴은 끝내 살아남았다. 클린턴의 마술은 바로 보디랭귀지에서 나온 것이었다.

클린턴은 성실하고 헌신적인 사람처럼 보이는 데 특출한 재능이 있었다. 여기서 재능의 의미는 언변이 아니라 그의 몸짓을 의미한다.

클린턴이 루스벨트나 케네디처럼 명문을 남긴 것은 아니었다. 이 대통령들의 발언은 명망가들의 명문을 수록해놓은 『바틀릿의 친근한 인용문Bartlett's Familiar Quotations』에서 수두룩하게 발견할 수 있다. 이 책에는 그리 연설에 능하지 않던 조지 부시 대통령의 말 '천 번을 생각해도a thousand point of light'나 '친절하고 상냥한 나라a kinder and gentler nation'도 수록되어 있다.

그들과는 달리 클린턴이 뛰어났던 것은 보디랭귀지를 만들어내고 표현하는 것이었다. 그는 입술을 깨물고 고민스러운 표정을 짓기도 하며, 허공을 바라보며 고심하는 모습을 보였고, 입술을 다물며 결단하는 모습을 보이기도 하고, 화난 모습으로 책상을 내리치는 모습도 보였다.

미국인은 클린턴의 그 몸짓에 매혹당했다. 클린턴은 비행기 사고로 죽은 상공장관 론 브라운의 영결식에 참석한 후 웃으며 걸어 나오다가 카메라가 따라오자 금방 눈물을 떨어뜨리는 장면을 연출하기도 했다. 그만큼 뛰어난 보디랭귀지의 달인이었다.

텔레비전을 통해 백악관 정원에서 클린턴이 보이스카우트 대원에게 상을 수여하는 모습이나 워싱턴 고등학교에서 흑인 학생들과 함께 있는 모습을 본 사람들이라면, 클린턴의 몸짓과 표정에서 언제나 동정심과 자비심이 스며 나오는 것을 목격하였을 것이다.

클린턴은 교사들을 푸근하게 포용해주고, 등을 다독이며 아이들을 격려하기도 했으며, 논평에 대해서 알아듣는다는 듯 고개를 끄덕이고, 재미있는 이야기에는 껄껄거리며 웃음지었다. 때로는 어떤 이의 탁월한 능력에 놀란 듯 입을 벌리기도 했다. 하지만 매주 클린턴의 집무실에서 있었던 라디오 강연은 평범하기 그지없었다. 클린턴은 다른 사람과 같이 있을 때만 그러한 몸짓으로 뛰어난 커뮤니케이션 능력을 발휘할 수 있었던 것이다.

사람들과 대화할 때 클린턴은 최고의 역량을 발휘했다. 그의 보디랭귀지는 대화의 일부이다. 클린턴이 흑인 목사들과 대화했을 때를 기억하는가? 그는 마치 텔레비전 토크 쇼에 출연한 사람처럼 대화했다. 도덕적으로 의심받을 사건이 터질 때면 '개인적 참회'가 위력을 발휘했다. 그의 몸짓이나 그 표정은 그가 진실로 회개하고 있다는 느낌을 주기에 충분했다.

클린턴은 그 누구보다도 일대일 대화에 뛰어났던 사람이었다. 클린턴이 주지사였을 때부터 친분을 가져온 사람이 내게 이렇게 말한 적이 있다.

"클린턴과 토론을 끝내면 그 태도나 생각, 견해가 나와 완전히 일치하는 또 다른 자아를 발견한 것 같은 느낌을 받게 됩니다."

유대감의 원동력은 몸짓이다

간담회를 할 때도 클린턴은 동일한 설득력을 발휘하였다. 되풀이하지만 클린턴은 말이 아니라 몸짓으로 말했다. 눈을 응시하며 고개를 끄덕인다든가, 어깨를 두드린다든가 하는 몸짓으로 상대방과 교감했다.

따뜻한 감정을 발산하는 그 보디랭귀지는 함께 일하는 사람들뿐 아니라 저녁 뉴스를 통해 그 모습을 보는 국민들에게도 친밀감을 느끼게 만들었다. 이 보디랭귀지가 클린턴의 지지율을 높인 원동력이었던 것이다.

1998년 언론과의 대담에서 가장 유명한 클린턴의 말과 가장 유명한 클린턴의 몸짓이 동시에 나왔다. 클린턴은 검지를 내밀며 '나는 저 여자하고 섹스한 적이 없습니다.'라고 한 것이다.

결국 거짓말로 드러났지만 그 손가락은 말의 신뢰도를 높이는 역할을 했다. 이것은 신체적 신호가 얼마만큼 큰 호소력이 있는지 보여주는 단적인 예이다.

보통 사람들이 굳이 많은 손동작이나 표정 등을 익혀서 강연에 임할 필요는 없다. 사실 직업적 배우가 아닌 한 도저히 감당할 수 없다. 대신 회의나 강연을 할 때 한 가지의 몸짓에 집중하라.

적절한 몸짓은 말보다 효과적이다

단 한 가지 동작으로도 하고 싶은 말을 다 할 수 있다. 몇 해 전에 제과회사의 회장이 다른 제과회사를 합병하는 데 성공했다. 이 합병으로 그의 회사는 더 많은 수익과 성장을 가져올 수 있게 됐다. 임원들이 합병 소식을 손꼽아 기다리고 있었다. 그런데 협상을 마치고 나온 회장의 얼굴에는 표정이 없었다. 회장은 자리에 착석하고 나서야 빙그레 미소를 지으며 엄지손가락을 치켜올렸다.

회장이 나중에 발표한 수익 전망은 의미가 거의 없었다. 엄지손가락을 치켜올렸을 때 그 모든 발언은 이미 끝났던 것이다. 적절한 몸짓은 발언의 호소력을 강화시킨다.

코미디언 잭 베니가 출연한 영화 중 강도에게 위협을 당하는 장면이 있다. 강도가 "돈을 내놓을래, 목숨을 내놓을래?"라고 협박하자 그는 태연히 고개를 옆으로 돌리며 잠시 후에 "생각 중이에요, 생각 중"이라고 답한다.

2000년 3월 존 매케인 상원의원은 자신이 전쟁포로로 있을 때 생활했던 포로수용소를 찾아갔다. 그곳은 지금 박물관으로 변했으며 안에는 포로들이 행복한 웃음을 짓고 있는 사진이 붙어 있었다.

적절한 몸짓은 말보다 훨씬 더 호소력이 있다. 매케인은 그중 한 명을 가리켰다. 그는 가운뎃손가락으로 턱을 긁고 있었다. 얼굴에는 웃음이 가득했지만 그의 몸짓은 미국인들만의 욕설을 퍼붓고 있었던 것이다.

164

로널드 레이건은 1980년 대통령 후보 텔레비전 토론회에서 특이한 몸짓으로 카터를 물리쳤다. 카터가 공격을 가해오면 레이건은 고개를 치켜들며 미소 짓더니 "또 시작이군요."라고 말했다.

몸짓언어는 부연설명을 할 필요가 없다

아이젠하워는 불만을 표할 때 말은 한마디도 하지 않았다. 언젠가 각료회의에서 농무부장관이 외교정책에 대해 연신 불만을 토로한 적이 있었다. 그 사안은 그가 관여할 일이 아니라고 판단한 아이젠하워는 펜으로 메모지를 툭툭 치며 쓴웃음을 짓고 천장을 바라보았다. 의미를 눈치챈 농무부장관은 그제야 말을 멈추었다.

아이젠하워 정부 시절, 당시 소련의 서기장이었던 흐루쇼프의 행동도 주목거리였다. 미국 대사가 소련의 인권 침해 사항을 잔뜩 열거하자 흐루쇼프는 신발을 벗고 테이블을 쾅쾅 쳤다. 그때 영국 총리는 무덤덤하게 "무슨 뜻인지 해석할 필요는 없겠죠?"라고 말했다.

침묵이 말보다 소리가 더 크듯 몸짓언어가 말보다 전달 강도가 더 셀 수 있다.

적절한 제스처 찾기

경영자들도 이러한 동작을 활용하면 효과를 배가시킬 수 있다. 시가를 피우는 어느 채광업체의 사장은 쟁의 조정자로서 이력을 쌓았던 사람이었다. 그는 관심을 끄는 제안이 들어오면 턱을 괴고 만지작거리는 모습을 보여주었으며, 문제가 있다고 생각할 때는 팔짱을 끼곤 했다. 또 제안을 거부할 때는 파이프의 재를 떨었다. 그는 최고경영자였으나 귀가 넓었던 사람이었다. 사람들은 그의 신체반응을 보며 그의 생각을 짐작할 수 있었다.

손가락 권총을 만들어 조준하고 발사하는 행위를 연속 세 차례 반복하며 회의를 개시하는 경영자도 있었다. 또 회의를 마칠 때는 막강한 경쟁자들을 극복하는 세 가지 방법을 요약하며 마무리했다.

> 방아쇠를 당기듯 손가락을 당기며 '더 저렴한 가격'
> 다시 손가락을 당기며 '발전된 마케팅 기법'
> 다시 한번 중지로 방아쇠를 당기는 시늉을 하며 '새로운 광고 기법'

적절한 몸짓과 함께 적절한 전시 효과가 필요할 때도 있다. 어떤 여성 기업가는 정부 규제의 비효율성을 적극 비판하고자 했다. 기업가의 조찬 모임에서 그녀는 종이 묶음 한 다발을 가지고 나와 바로 테이블 앞에 털썩 내려놓았다. 잠시 후에 그녀가 말했다.

이 종이 다발은 연방정부의 기업규제 법안들입니다. 서로 모순되는 조항이 있어도 우리는 그 규정들을 따라야만 합니다. 이런 조항들 때문에 우리는 돈과 시간, 인력을 낭비하고 있습니다.

극적인 행동으로 상대를 제압한다

자수성가한 백만장자 프랭클린은 달변가가 아니었다. 프랭클린은 이미지를 선호했다.

어느 제조업자가 프랭클린에게 다음과 같은 영수증을 써주었다.

'모자 제조자 존 톰슨, 모자와 현금 교환.'

그러자 프랭클린은 그 영수증을 찢어버리라고 했다.

'톰슨 씨, 새 영수증에는 모자만 그려 넣으세요.'

한편, 분쟁의 해결사로서 프랭클린에 필적할 만한 사람은 없었다.

독립전쟁의 막바지에 이르러 프랭클린은 파리의 외교관들을 이끌고 영국과 조약을 체결하러 갔다. 이 조약은 영국 영토를 미시시피강까지 한정하고, 뉴잉글랜드나 캐나다 지역의 어업 활동 금지, 공해 상의 무역선 침해 금지를 포함하고 있었다.

영국은 당시 상황을 유지하려 했기에 협상은 난항을 겪었다. 영국으로서는 신생 미국 정부를 인준함으로써 얻는 소득이 거의 없었다. 그럼에도 불구하고 프랭클린은 마침내 영국과 조약을 체결하기로 약속을 받아냈다. 그런데 막상 조약에 서명하는 당일이 되자 영국의 셸번 경은 망설이다가 협상 장소에서 나가려고 하는 것이었다.

"잠시만요, 나가시기 전에 먼저 청구서를 결제하셔야지요."

프랭클린은 이렇게 말하고 여행 가방을 풀더니 수백 장의 종이를 하나씩 꺼냈다. 주택 배상 요구서, 기업 양도 문서, 전소된 외양간, 징발된 마차와 우마들에 관한 것이었다.

셸번은 이 청구서들을 보고 한숨을 쉬며 조약에 서명했다.

"대사, 내가 졌소이다."

이 극적인 행위로 프랭클린은 영국의 식민지였던 13개 주를 넘겨받을 수 있었던 것이다.

성공한 리더는 만들어진다

커뮤니케이션이란 단순히 말로 표현하는 것 이상이며, 사상과 감정까지 전달하는 것이다.

성공한 리더는 예상 밖의 행동으로 시선을 집중시키며, 상대방의 의표를 찌르는 날카로운 질문을 던져 상대방의 지지를 끌어낸다. 수사를 사용하여 감정을 자극하거나, 역사적 일화를 통해 이성에 호소하여 설득력을 높이는 비결, 핵심적 메시지를 강조하는 기술 등은 반복된 연습을 통해 만들어진다.

Stand Like Lincoln
Speak Like Churchill

준비된 말이
성공을 부른다

첫째, 그는 연설문을 읽었소.
둘째, 잘 읽지 못했소.
셋째, 읽은 것은 무가치한 일이었소.
— **윈스턴 처칠**

로널드 레이건은 달변가였다. 그런 그가 첫 직장에서는 쫓겨났다. 레이건은 일리노이 주의 유레카 대학에서 학위를 받고, 아이오와 주의 라디오 방송국에 광고 성우로 취직했다. 방송 담당자들은 굵은 바리톤 목소리와 대학에서의 연극반 생활을 통해 다져진 배우 경험을 보고 그를 채용했다. 전파를 통해서 레이건은 쾌활하고 유려한 목소리로 따스한 감성을 전달했다.

그런데 왜 방송국에서 그를 쫓아냈을까? 그는 기업 광고를 잘 읽지 못했다. 자동차나 백화점 광고주들은 레이건의 목소리를 달가워하지 않았다. 광고를 읽기만 하면 레이건의 목소리에서는 생기가 사라졌고, 말 그대로 목석 같았다.

직장을 구하기 쉽지 않던 대공황 시절에 레이건은 실직자가 되었다. 레이건은 셋방에 칩거하면서 깊은 상념에 빠져들었다. 그는 방송국 일이 좋았다. 다시 복귀하고 싶었다. 그 해답은 뜻밖에도 존경하던 루스벨트 대통령에게서 나왔다. 당시 레이건은 루스벨트의 라디오 연설 프로를 늘 청취하고 있었다. 루스벨트도 문장을 읽기는 매한가지였다. 그런데도 그 목소리는 다정다감했고 신뢰감을 주었다.

레이건은 루스벨트의 연설을 따라 적으며 그 비결을 연구했다. 마침내 레이건은 그 비밀을 알아냈다. 어떤 구절이나 문장을 확인하고 나서 고개를 들고 말하게 되면 루스벨트와 같이 편하고 듣기 좋은 목소리가 나왔다. 문장을 점검하는 시간 동안 호흡이 끊기는 시간이 있었는데, 그렇다고 발음이 꼬이는 일은 없었다. 오히려 그 짧은 시간이 루스벨트만의 독특한 리듬을 만들어냈다.

레이건에게 이 비결이 전혀 생소한 것은 아니었다. 대학의 연극 오디션에서 그가 이미 시도했던 방법이었다. 그 당시 그는 다른 지원자와는 달리 연출자를 똑바로 응시하고 대본을 읽음으로써 주역을 따낸 경험이 있었다.

딱딱하게 말하지 말라

레이건은 연습한 대로 신문 광고를 읽어보았다. 문장을 읽은 후 고개를 들고 방금 읽었던 문장을 '대화하듯' 말해보았다.

라디오 방송 진행자가 이직하자 레이건은 지원서를 다시 냈다. 이

번에는 먼저 광고 문구를 읽고 암기한 후, 손으로 문장을 가리고 고개를 세운 채 암기한 문장을 대화하듯 읽어 내려갔다.

이 새 폰티악 자동차에 만족하실 것입니다.

그리고 다시 다음 문장을 내려다보며 암기한 다음 마찬가지로 낭독했다.

왜냐구요? 단 2백 달러에 이 새 폰티악을 탈 수 있기 때문입니다.

그 이후 레이건의 직업운은 술술 풀려갔다. 그가 밝혀낸 것은 20세기 커뮤니케이션의 양대 산맥 프랭클린 루스벨트와 윈스턴 처칠의 비법이었다.

이 대가들이 동일한 방법을 사용한 것은 우연이 아니었다. 루스벨트와 처칠은 모두 한 사람을 본받고 있었던 것이다. 그 사람은 바로 미국사美國史를 공부한 사람이면 모두 알고 있는 정치가 버크 코크랜 Bourke Cockran이었다. 코크랜은 아일랜드계 뉴욕 이민자로 나중에 유명 법정 변호사가 되었던 인물이다. 그가 바로 대가들의 선배였다.

명연설문집에는 으레 코크랜의 말이 들어 있다. 코크랜은 민주당 전당대회의 기조연설을 세 번씩이나 한 정치가였다. 그렇지만 1904년 그는 공화당의 시어도어 루스벨트를 돕기 위해 탈당했다. 1905년 처음 코크랜을 만난 처칠은 '내 인생에서 유일하게 큰 영향을 끼친 사람'이라고 그를 평했다.

임종을 앞둔 코크랜은 후배 프랭클린 루스벨트에게 민주당 전당대회에서 앨 스미스를 대통령으로 추천하는 연설을 대신해 달라고 부탁했다.

"프랭클린, 이제 침상에서 나와 연설을 해주시오."

루스벨트는 스미스를 소개하는 연설로 다시금 전국적인 조명을 받게 되었다.

여러분에게 행운의 전사를 소개시켜 드립니다.

보수적 정치이론으로 명성을 날린 영국의 정치가, 에드먼드 버크 Edmund Burke의 먼 친척이었던 코크랜은 원고를 읽는 느낌을 주지 않으면서 말하는 기술을 완성한 의원이었다. 그는 바로 그 비법을 처칠과 루스벨트에게 전수했던 것이다.

고개를 숙이고 원고를 읽지 마라

코크랜이 처칠과 루스벨트에게 가르친 첫 번째 원칙, 그것은 아주 간단했다.

절대, 절대, 절대 고개를 숙이고 말하지 말라.

혹시 전선줄을 잘못 밟는 바람에 조명이 꺼졌던 적은 없었는가?

이 화법을 터득한 경영자는 극히 드물다. 기업가들이니 그럴 만도 하다. 하지만 정치가들 중에도 이 기법을 모르는 사람이 많은 것을 보고 놀라지 않을 수 없다. 정치인들은 보통 두 가지 형태의 연설을 한다. 하나는 문장을 모두 암기하고 말하는 통상적인 연설이고, 다른 하나는 미리 작성한 연설문을 낭독하는 것이다.

> 고개를 숙이고 한 말은 사람의 소통을 단절시킨다. 반드시 사람들을 마주보고 말하라.

전 부통령 후보 잭 켐프는 '자유시장'에 대해 신념 가득한 연설로 장내를 감동의 도가니로 만들었던 적이 있었으나, 작성한 연설문을 낭독할 때는 더없이 지루했다. 이 화법을 터득한 정치인으로는 테드 케네디와 헨리 키신저, 윌리엄 버클리 2세가 있었다.

경영자들이 종종 토로하는 말은 자신은 그저 강연문을 글자 그대로 따라 읽을 수밖에 없다는 것이다. 은행이나 보험사, 제약사, 정유회사, 항공사, 항공기 제작사 등과 같은 대기업 경영자들은 자신들의 말에 책임을 져야 하기 때문에 그럴 수밖에 없다고 한다. 만일 그들이 즉흥적으로 발언을 하면 참모들은 간이 콩알만해진다. 그러다가 실언을 하기라도 하면 경영자는 신문에 몰지각하고 탐욕스런 자본가로 묘사되고, 간혹 천문학적 금액의 소송에 휘말리기도 하며, 반독점법으로 국세청의 조사도 받게 되기 때문이다.

이 같은 실언과 오류를 막기 위해서 기업에서는 전문 작가들이 초안을 잡고 고문 변호사가 점검하고 마지막으로 홍보이사가 재검하는 과정을 거친다.

그런데도 기업 경영자가 최종 연설문을 읽는 것을 들어보고 놀라는 사람이 한두 명이 아니다. 사석에서는 그렇게 정력적인 사람이 공식석상의 연설에서는 왜 그리도 뻣뻣한 목석이 되어버리는 것인가.

경영자들의 자문역을 하면서 경영자에게 회사에서 당면한 경영문제에 관해 비공개로 진행되는 회의 장면과 사람들 앞에서 연설문을 낭독하는 모습을 녹화해서 보여주었다. 두 장면은 극과 극이다. 비공식적인 대담에서 경영자들은 활력이 넘치지만, 연설문을 낭독할 때는 따분하기 짝이 없는 모습이다.

간혹 연설문을 큰 소리로 읽는 경영자도 있긴 하지만 그럴 때도 일부러 호기를 부리려는 듯한 느낌이다. 사람들을 설득하려는 것이 아니라 사람들을 향해 말을 내지르는 것 같다. 그들은 청중들에게 시선을 주지도 않고 작성된 글만을 읽어 내려가는 것이다. 게다가 원고를 읽는 호흡도 불규칙해서 무척 부자연스럽다.

앨 고어 부통령이 대표적인 사람이다. 그 때문에 그의 목소리는 지루하거나, 아니면 목청을 높이는 것밖에 없는 것 같다.

보고-멈추고-말하라(See-Stop-Say)

처칠과 루스벨트, 레이건이 사용한 기법으로, 원고를 보고 읽음으로써 청중이 지루함을 느끼게 되는 문제를 해결할 수 있다. 이 기법을 '보고-멈추고-말하기 기법'이라 칭한다.

일단 아무 신문이나 꺼내서 이 기법을 시험해보자. 임시로 상자나 서랍을 연단 삼아 테이블 위에 낭독하고 싶은 기사를 올려놓으라. 기사를 내려다보며 사진 찍듯 '찰칵' 하고 기사문을 머릿속에 저장하라. 고개를 다시 들고 잠깐 멈추라. 그리고 방 한쪽 끝 램프나 가구를 청중인 양 쳐다보고 기억한 문장을 대화하듯 풀어놓으라. 다시 다음 문장을 내려다보고, 고개를 들고 잠시 쉰 후 말해보라. 보고, 멈추고, 말하라.

이 기법을 연습해보고 어느 기업가는 이렇게 반박했다.

"선생님, 말하려고 고개를 들 때나 다음 구절을 외우려고 내려다볼 때 잠시 침묵하는 시간이 영 껄끄럽습니다. 혹시 내 말이 어처구니없이 들리지는 않을까, 청중들이 지루해하지는 않을까 하는 마음이 생기더군요. 꼭 사람들이 딴 곳으로 관심을 돌릴 것만 같았습니다."

절대 그렇지 않다. 바로 그 순간이야말로 사람들의 시선을 끌어 연설을 이어가게 해주는 시간이다. 중요한 것은 바로 그 순간 사람들이 당신의 말을 곱씹어 볼 기회를 갖게 된다는 점이다.

승용차에 기름을 넣을 때 주유관이 좁아서 가솔린이 역류하거나 유출되는 경험을 해본 적이 있는가? 마찬가지로 사람들은 상대방이 책 읽듯 마구 쏟아내는 말에 거부감을 느낀다. 잠깐의 틈도 없이 흘러나오는 말은 지루하기 짝이 없으며, 결국 상대방은 자신의 귀를 막게 된다.

몇 초간의 침묵이 말을 더욱 부드럽게 이끈다.

어떤 대화이건 한번 유심히 들어보라. 말이 줄줄 이어지는 경우는 없으며, 반드시 짧은 침묵이 있기 마련이다. 처칠이나 루스벨트 혹은 레이건의 연설 테이프를 한번 들어보라. 그들의 말이 끊임없이 이어지는 것은 아니다.

바바라 조던Barbara Jordan 같은 여성의원이나 더글러스 맥아더 장군의 연설 테이프를 들어보고 침묵의 순간을 확인해보면, 그 침묵이 얼마나 전략적이며 의도적인지 알 수 있을 것이다. 연설에서 이 침묵이야말로 가장 효과적인 수단이다.

자, 다시 한번 말하는 훈련을 해보자.

메모지를 내려다보고 무슨 글귀가 쓰여 있는지 살펴보라see. 고개를 들고 몇 초 동안 말을 멈추라stop. 그리고 그 글을 당신 자신만의 언어로 말해보라say.

고개를 든 뒤 왜 잠시 정지해야 하는가? 보통 고개를 드는 순간에 말이 나오기 십상이다. 말하는 사람은 정지 시간이 너무 길어지는 것에 불안감을 느끼며 말을 빨리 하려는 속성이 있다. 당신에게는 그 몇 초가 영겁 같은 세월일지 모르지만, 청중들에게는 찰나의 순간이다. 그 시간에 청중들은 앞의 말에 '종지부를 찍고' 다음 말을 기다리며 방금 한 말을 음미한다.

그래도 그 몇 초가 힘들고 막막한가? 아직도 부자연스럽게 느껴지는가? 설령 본인은 그런 마음이 들지라도 청중들은 당신을 윈스턴 처칠이나 프랭클린 루스벨트, 로널드 레이건 같은 연설의 대가처럼 생각할지 모른다.

말을 잘하기 위해서는 연습이 필요하다

　필자가 한 말을 믿지 못하겠다면 비디오테이프로 자신의 모습을 찍어서 한번 확인해보라. 필자가 이 기법으로 훈련시킨 기업가들은 비디오에 찍힌 자신의 모습을 보고 모두들 놀라워했다. 자신은 부자연스럽다고 느낀 그 순간이 오히려 연설의 흐름을 유려하게 만들고 있었던 것이었다.

　보통 우리는 대화할 때 정확한 낱말을 선택하거나 생각을 정리하고 다음 문장을 생각하기 위해 잠깐씩 말을 멈춘다.

　'보고-멈추고-말하기 기법'을 다시 한번 실행해보라. 일단 고개를 숙이고 노트를 보라see. 항상 위쪽을 쳐다본 후 멈추라stop. 다음으로 머릿속에 저장했던 그 구절을 말하라say. 이 기법을 다른 사설이나 기사에 응용시켜 연습해보라.

> 쉬지 않고 말을 하면 고백을 하는 것처럼 보이지만, 잠깐 침묵하는 시간을 갖게 되면 정확한 말을 생각해내려는 것처럼 느껴진다.

　처음에는 머리를 들고 멈추는 동작에 꽤 신경을 쓰겠지만, 몇 분 후면 전과 같이 고개를 들지 않고 말을 꺼내게 될 것이다. 하지만 걱정하지 말고 꾸준히 정진하라.

　필자는 사람들에게 이 '보고-멈추고-말하기 기법'을 가르쳤다. 누가 가장 빨리 습득했을 것 같은가? 과학자? 아니면 변호사나 엔지니어? 여권 운동가일까? 내향적 지식인? 아니면 외향적인 활동가?

그 정답은 바로 골프나 테니스를 하는 운동 선수였다. 기본적으로 이 기법은 머리를 쓰는 것이 아니라 시선을 다루는 기술이다. 뉴스 앵커들이 꼭 머리가 좋은 사람들은 아니지만 글을 말로 전달하는 일에는 전문가들이다.

이 말은 무슨 대단한 재능을 타고난 운동 선수 같아야 한다는 뜻이 아니다. 사실 '보고-멈추고-말하기 기법'은 자전거 배우는 일보다 쉽다. 혹시 골프나 테니스를 쳐보신 분들은 알겠지만, 골프채를 쥐는 법을 배울 때 처음에는 무척이나 어색했었지만 차츰 연습을 하면서 편안함을 느끼게 된다. 마찬가지로 '보고-멈추고-말하기 기법'도 계속 연습하다 보면 어렵지 않게 해낼 것이다.

> 밑을 보며 한 문장을 외운다.
> 위를 보고 잠시 멈춘다.
> 그 문장을 전한다.
> 밑을 보며 다음 문장을 외운다.
> 위를 보고 잠시 멈춘다.
> 그 문장을 전한다.

명심해야 할 것은 이 시간이 강연하는 데 가장 중요한 부분이라는 것이다. 이 짧은 순간에 연설가는 암기한 문장을 '정확하게 기억'할 수 있으며, 사람들은 말을 음미하게 된다.

처칠이 1946년에 했던 「철의 장막」이라는 강연의 발췌문을 한번 읽어보라.

연합군의 승리로 빛을 발하던 자리에

(쉬고)

그늘이 드리워져 있습니다.

(쉬고)

발트 해의 슈테틴에서 아드리아 해의 트리에스테에 걸쳐

(쉬고)

유럽 전역에 철의 장막이 내려오고 있는 것입니다.

레이건처럼 말하여 청중을 사로잡고, 루스벨트처럼 말하여 청중을 설득하라.

리듬감 있는 말로
감정을 자극한다

긴 산문을 시적으로 읽는 사람은 누구인가?
— 알렉산더 포프

어느 날 윈스턴 처칠은 국회에서 사용할 연설문 원고를 받았다.
그는 잠시 원고를 쳐다보더니 버럭 소리쳤다.

"누가 이렇게 내가 할 말을 '의(of's)와 그(the's)'로 채운 거야?"

논설이 눈을 위한 글이라면 연설문은 귀를 위한 글이다. 처칠은 연설이 논설처럼 이론적으로 체계를 세워 말하는 것이 아니며, 연설에는 논설에 쓰이는 문장을 써도 안 된다고 생각했다.

논설문은 이 페이지의 글과 같다. 글은 지면의 한계가 있다.

대중을 설득하는 말은 시다

처칠은 연설문을 두고 이렇게 이야기했다.

연설문이란 운율이 없는 긴 시다.

처칠은 시를 낭송하듯 원고를 읽을 수 있으면 했다. 처칠이 1940년 4월 하원에서 '프랑스 함락'에 대한 연설을 했을 때, 당시 하원의원이던 저명한 작가 A. P. 허버트는 처칠의 말을 이렇게 묘사했다.

나는 극장이나 교회에서의 연설에 그다지 깊은 감동을 받은 적은 없었다. 그러나 처칠의 그 명연설은 역사적 사건이라고 할 수 있을 정도로 충격이었다.

다음은 처칠 명연설집에서 옮겨온 것이다.

웨이갠드 사령관이 명명한 소위 프랑스 전투는 끝났습니다. 이제 저는 영국 전투가 발발하리라 예감합니다. 이 전투의 양상에 따라 기독교 문명의 생존이 결정됩니다. 또한 우리 국민의 삶과 국가와 대영제국의 안녕도 달라질 것입니다. 적들은 전력을 다해 곧 우리를 맹격할 것입니다. 우리나라를 침공하지 않으면 승리할 수 없음을 히틀러는 잘 알고 있습니다.

우리가 히틀러에게 대적한다면 전 유럽은 자유를 얻을 것이며, 전 세계인들의 삶은 넓고 화창한 고지로 나가게 될 것입니다. 그러나 실패한다면 미국뿐 아니라 우리와 친밀한 모두를 비롯한 전 세계는 심연의 새 암흑시대로 침몰할 것이며, 그 시대는 그 권모술수로 인해 더 포악하고 어쩌면 더욱 길어질 것입니다. 따라서 굳은 결의로 우리 사명을 완수하여 대영제국과 그 연방을 천년 후까지 지속시킨다면 세인들은 이렇게 말할 것입니다. '그때가 영국의 전성기'였노라고.

이제 이 원문을 처칠이 실제로 어떻게 읽었는지 살펴보자.

웨이갠드 사령관이 명명한

소위 프랑스 전투는 끝났습니다.

이제 저는 영국 전투가

발발하리라 예감합니다.

이 전투의 양상에 따라

기독교 문명의 생존이 결정됩니다.

또한 우리 국민의 삶과

국가와 대영제국의

안녕도 달라질 것입니다.

적들은 전력을 다해

곧 우리를 맹격할 것입니다.

우리나라를 침공하지 않으면 승리할 수 없음을

히틀러는 잘 알고 있습니다.

우리가 히틀러에게 대적한다면

전 유럽은 자유를 얻을 것이며,

전 세계인들의 삶은

넓고 화창한 고지로 나가게 될 것입니다.

그러나 실패한다면

미국뿐 아니라

우리와 친밀한 모두를 비롯한

전 세계는

심연의 새 암흑시대로 침몰할 것이며,

그 시대는

그 권모술수로 인해 더 포악하고

어쩌면 더욱 길어질 것입니다.

따라서 굳은 결의로

우리 사명을 완수하여

대영제국과 그 연방을

천년 후까지 지속시킨다면

세인들은 이렇게 말할 것입니다.

'그때가 영국의 전성기'였노라고.

연설을 시로 승화하라

처칠은 운율의 비결을 알고 있었다.

연설문이 운율을 타게 되면 각 구절들은 시적으로 변화한다.

역사상 가장 많은 사람들이 암송했으며 시인 칼 샌드버그가 '위대한 미국의 시'라고 부른 게티즈버그 연설을 살펴보자.

1993년 11월 19일, 필자는 게티즈버그 연설 130주년을 기념하여 워싱턴에 있는 링컨기념관 계단에서 강연을 해달라는 요청을 받았다. 윈스턴 처칠 2세는 필자를 소개하는 중간에 처칠이 이 연설을 '셰익스피어 언어의 품격을 최대로 살린 작품'이라고 표현했다고 말했다.

그 자리에서 필자는 게티즈버그 연설을 낭독했다. 사람들은 연설을 듣고 그토록 가슴에 와 닿았던 적이 없었노라고 말했다. 그 비결은 필자가 원문을 낭독한 방법이 다른 사람들과 달랐기 때문이었다.

지금으로부터 87년 전

자유를 소망하고

만인 평등의 대의에 자신을 희생하며

우리 선조들은 이 땅에

새로운 국가를 세웠습니다.

지금 우리는 그런 소망과 희생으로 세운

이 나라 혹은 그 어떤 나라가

얼마나 영속될 것인지 시험받는

큰 내전을 치르고 있습니다.

우리가 모인 이곳은 그 내전의 한 격전장입니다.

우리는 이 나라를 지키기 위해서

자신의 목숨을 바친 사람들의

마지막 쉼터로

이 터의 일부를 헌납하러 왔습니다.

이 일은 우리가 마땅히 해야 할 의무입니다.

더 넓은 의미에서 보면

우리가 이 땅을

헌납한다든가

헌정한다든가

신성화하는 일 따위는 할 수 없습니다.

여기서 전투를 치른 후

사상자가 된 모든 용사들이

우리의 미력微力을

가감하지 않고도

이곳을 이미 성지로 만들었기 때문입니다.

세인들은

지금 여기서 했던 말을

거의 주목하지도 않고

오래 기억하지도 않겠지만

용사들이 한 일을

망각하지는 않을 것입니다.

따라서 살아남은 우리는

굳은 결심으로

여기서 싸웠던 사람들이

희생을 아끼지 않고

우리 앞에 남겨놓은

미완성의 과제를 위해

헌신해야 할 것입니다.

우리는 여기서

죽은 자들의 희생이 헛되지 않을 것임을,

신의 가호를 받는 이 나라가

새로운 자유를 누릴 것임을,

국민의

국민에 의한

국민을 위한 정부가

지구에서 멸망하지 않으리라는 것을

굳게 다짐하는 바입니다.

운율을 활용하라

다음과 같이 표현된 단어들은 쉽게 귀에 들어온다.

자유를 소망하고*conceived* in liberty

대의에 자신을 희생하며*dedicated* to the proposition

자음 '*v*'가 어떻게 운율을 타고 있는지 살펴보라.

이 나라를 지키기 위해서 자신의 목숨을 바친 사람들의for those
who gave their *lives* that this nation might *live*

다음 구절의 내재율을 새겨보라.

우리가 헌납한다든가we cannot *dedicate*

우리가 헌정한다든가we cannot *consecrate*

두운頭韻이 맞춰진 낱말들을 살펴보라.

운율은 언어의 음성적 형식을 말한다. 소리의 반복은 사람의 감정을 자극하는 효과적인 수단이다. 모든 언어는 각기 다른 음성적 특징이 있기에 영어에서 사용하는 운율을 우리말에 그대로 적용할 수는 없다. 영어는 음위율(音位律) 중심으로, 한국어는 음수율(音數律) 중심으로 운율이 발달되어 있다. ― 역자 주

거의 주목하지도 않고will *little* note

오래 기억하지도 않겠지만nor *long* remember

전치사가 대구對句되면 말하기 편하다.

국민의*of* the people

국민에 의한*by* the people

국민을 위한*for* the people

연설문 작성의 몇 가지 규칙

소개말이나 상공회의 연설, 언론 발표문, 사원 단합대회의 발제 등 강연의 길이가 짧고 긴 것과 상관없이 원고를 작성할 때는 말의 호흡을 생각해야 한다.

필자는 펜실베이니아 대학과 사우스콜로라도 대학의 학생들을 가르칠 때, 다음 규정을 준수하며 연설문을 작성하라고 했다.

쉼표 다음의 문장은 다음 줄로 옮길 것.
주어 다음에 술어가 나오면 반드시 붙이라.
전치사와 그 목적어가 이어지면 분리하지 말 것.
관사나 정관사가 그 줄의 끝에 놓이지 않게 할 것.
마침표가 있는 문장은 그 줄에서 마칠 것.

처칠의 일화 가운데 적절한 구두점에 대한 중요성을 말하는 것이 있다.

　각료회의에서 처칠은 외무부장관 앤서니 이든이 읽고 있던 연설문을 맞은편에서 보고 있었다.
　"장관, 원고가 좋지 않네요."
　처칠이 한마디 했다.
　"아니, 거기서 보면 글이 거꾸로 보일 텐데 그걸 어떻게 알 수 있단 말입니까?"
　그러자 처칠은 이렇게 말했다.
　"왜냐하면 세미콜론(;)이 너무 많고, 대시(−)는 하나도 없으니까요."

처칠은 원고를 작성할 때 세미콜론을 꺼린 반면에 대시는 연설의 리듬감을 살리고 연설에 생기를 불어넣는다고 생각했다.
　여기서 1961년 케네디 대통령 취임사의 일부를 살펴보고, 왜 처칠이 시적인 연설문에 대시가 필요하다고 했는지 알아보자.

　오늘은 정당의 승전일勝戰日이 아닌 자유의 기념일—시작일 뿐만 아니라 결말이기도 하며, 변화인 동시에 부활의 날로 생각합니다. 저 역시 마찬가지로 170여 년 전에 우리 선조들이 약속한 엄숙한 선언을 여러분과 전능하신 하느님 앞에서 맹세했기 때문입니다. 오늘날 세계는 크게 변화했습니다. 인류는 자신의 손안에 모든 형태의 결핍과 모든 형태의 삶을 소멸시킬 수 있는 힘을 갖추었습니다. 그렇지만 우리의 선조들이 보위保衛하려 했던 혁명적 신념들은 여전히 전 세계적으로 유효합니다.

이 원문을 운율을 맞춰 알맞게 문자로 배치하는 일은 정밀과학적 지식이 필요한 것이 아니라 상식만으로도 가능하다. 원고를 읽을 때 그 간격이 어떻게 되는지 살펴보자.

오늘은
정당의 승전일勝戰日이 아닌
자유의 기념일—
시작일 뿐만 아니라
결말이기도 하며,
변화인 동시에 부활의
날로 생각합니다.
저 역시 마찬가지로
170여 년 전에
우리 선조들이 약속한
엄숙한 선언을
여러분과 전능하신 하느님 앞에서
맹세했기 때문입니다.

오늘날 세계는 크게 변화했습니다.

인류는 자신의 손안에

모든 형태의 결핍과

모든 형태의 삶을

소멸시킬 수 있는

힘을 갖추었습니다.

그렇지만 우리의 선조들이 보위保衛하려 했던

혁명적 신념들은

여전히 전 세계적으로 유효합니다.

처칠은 연설이란 '형식과 운율에 얽매이지 않는 시'라고 말했다. 케네디의 취임사는 이 말을 증명하고 있다. 그러나 케네디의 다른 연설에서는 마치 형광펜으로 표시한 것처럼 리듬·운율·두운 등 시의 형식을 따르고 있다.

우리의 우방을 지지하고

우리의 적국에 반대하며

자유의 승리와

생존을 확보하기 위해

어떤 대가라도 지불하고

어떤 희생도 치러낼 것임을

우리의 우방 혹은 불행을 바라는

모든 국가들이 알게 합시다.

   물론 누구도 대통령 취임 연설을 할 사람은 없겠지만 소개말이나 시상식, 사업발표회를 하게 될 기회는 있을 것이다. 언젠가 필자가 엘리자베스 돌 여사를 소개했던 것처럼 시적인 요소를 사용한다면, 당신의 화술은 한 단계 높은 수준으로 발전할 것이다.

    '엘리자베스'란 여왕의 이름입니다.
    먼저 르네상스의 위대한 군주였던
    엘리자베스 여왕을 생각나게 합니다.
    이름에 걸맞게
    엘리자베스 돌 여사는
    정부의 조직인
    노동운송청에서
    정력적으로 일했습니다.
    또한 엘리자베스는
    왕족의 이름뿐 아니라
    "어떻게 그대를 사랑할까요?
    그 비결을 알려주세요."
    이런 유명한 시구를 지은
    영국의 위대한 여류시인
    엘리자베스 브라우닝도 생각나게 합니다.

여러분, 엘리자베스 돌 여사는

홍수의 피해자,

태풍의 피해자,

병든 사람들에게

도움을 주는 것으로

시인의 예리함과

사마리아 사람의 선한 영혼,

휴머니스트의 가슴을 가진

여성임이 증명되었습니다.

마지막으로 여성 해방의

위대한 선각자였던

엘리자베스 케이디 스탠턴도 생각나는군요.

변호사,

백악관 고문,

정부 각료,

미국 적십자 회장으로서

일한 돌 여사는

여성들뿐 아니라

동료 남성들에게도

찬양의 대상이며

귀감이 되고

영감의 원천이 됩니다.

여러분에게

머리와

몸과

가슴으로

앞서 나가는

위대한 미국인을 소개합니다.

엘리자베스 돌 여사입니다.

문장의 간격이 얼마나 낭독하기 쉽고 이해하기 수월한가.

볼티모어 프로야구단의 스타 칼 립켄 주니어에게 훈장을 수여하는 자리에서 시상을 맡은 사람을 위해서 필자가 작성한 시상식 연설을 살펴보라. 말을 어떻게 하느냐에 따라 연설이 시가 될 수도 있는 것이다.

통계의 스포츠인 야구에서

기록 중의 기록인

최다 출장 기록을 보유한 선수가

바로 칼입니다.

이 기록은

역사적이고

영웅적이며

기적적인

업적입니다.

체서피크 만의 소도시

애버딘에서 태어난 이 사람은

파워의 원천인

그 체력이 아직 비밀로 남아 있습니다.

서스쿼해나 강은 체서피크 만으로 흐릅니다.

그런데 서스쿼해나 강이 어디서 시작하는지 아십니까?

쿠퍼즈타운에서 2마일 떨어진

뉴욕 북부 지방의

작은 물줄기에서 시작합니다.

아시다시피 칼 립켄은

명예의 전당을

자양분으로 성장했습니다.

여러분에게 명예의 전당에서 태어나고 자란

칼 립켄 주니어를 소개합니다.

리더처럼 말하면 리더처럼 보인다

다시 말하지만 핵심적인 단어와 구절들을 확연히 눈에 띄게 배치
해야 한다. 원문에 얽매일 필요는 없다.

어느 은행 창립 50주년 기념식에서 그 회장을 위해 써준 적이 있

는 간단한 소개문을 참조하여, 적절한 단어 배치의 중요성을 확인해보라.

핵심적인 단어와 구절들을 확연히 눈에 띄게 배치해야 한다.

에이브러햄 링컨처럼 말하자면

"지금으로부터 50여 년 전에

말론 대처는 이 도시에

새로운 은행을 설립했습니다."

링컨을 언급한 이유는

그가 식품점을 운영하면서

4센트를 돌려주기 위해 6마일을 걸어갔던

일화가 있었기 때문입니다.

여러분, 우리 은행의 창립자 말론 대처도

링컨 같은 성실성과 봉사 정신이 있었습니다.

어느 날 농부 고객이 은행 가까이에서

차가 고장났습니다.

농부의 차에는 지렛대가 없었습니다.

그때 작업복을 입은

은발의 노인이

농부가 곤경에 처한 것을 보고 말했습니다.

"제 차에 하나 있습니다. 가져가세요."

어리둥절해진 농부가 말했습니다.

"필요한 거 아닌가요?"

"그렇습니다. 내일 은행으로 돌려주십시오."

농부는 다음날 은행으로 왔습니다.

농부가 직원에게 물었습니다.

"수위는 어디 있죠?"

"저희는 수위가 없습니다."

"그 사람은 어떻게 생겼습니까?" 직원이 물었습니다.

"아, 좀 나이가 들었습니다.

머리가 희끗희끗하면서 좀 벗겨졌구요."

"아, 대처 씨를 말씀하시는군요.

그분은 저희 은행장이십니다."

지난 50년 동안

이 은행의 보증 상표는

친절과 봉사 정신이었습니다.

말론은 몇 년 전에 죽었지만

그러나 그 전통은 오늘날까지

이 은행에 숨쉬고 있습니다.

필자의 졸작 『세기의 연설가 처칠』에서 말했듯이 처칠은 진부한 논설문을 시구에 가깝게 배치하는 법을 알고 있었다.

학생들은 필자에게 연설문을 배치하는 법이 수업에서 가장 유용했었다고 했다. 어느 학생은 이렇게 말했다.

교수님, 저는 연설문이란 말로 쓰는 글이라는 것을, 말하자면 논설문을 써놓고 크게 낭독해서는 안 된다는 사실을 깨달았습니다.

처칠처럼 연설문을 배치하라. 리더처럼 말하면 리더처럼 보일 것이다.

설득력 있는 문장은
공식이 있다

칼 같은 그 말이 내 귓전을 울렸다.
— **윌리엄 셰익스피어**

20세기의 연설가 중 『바틀릿의 친근한 인용문』에 가장 많은 글이 수록된 사람은 처칠이다.

케네디는 "처칠은 영어를 동원시켜 전쟁터로 내보냈다."라는 말을 한 적이 있다. 처칠의 말은 국민들의 결의를 강고하게 만드는 역할을 했다. 역사가인 아놀드 토인비는 "처칠의 연설은 생존과 패배에 관한 기록이다."라고 말했다. 전쟁 당시 그가 했던 말은 강력한 설득력을 가진 명문들이 많았다.

설득력 있는 문장을 만드는 데는 그 공식이 있다. 우유병에서 크림CREAM이 솟아오르듯 이 다섯 가지 요소를 사용한 문장이 청중의 머릿속에

> 처칠이 정리한 설득력 있는 문장 구성공식 C - R - E - A - M은 Contrast(대조) - Rhyme(운율) - Echo(반복) - Alliteration(두운법) - Metaphor(은유)를 말한다.

제일 먼저 떠오르게 된다.

양극은 서로 통한다

처칠의 다음과 같은 대조법을 눈여겨보라.

만약에 현재와 **과거**가 화합하지 못하면, 틀림없이 **미래**를 상실한다.

처칠은 1942년 이집트 전쟁에서 영국이 승리를 거둔 후, 토브룩 연설에서 대조법을 사용했다.

이것은 **종결**이 아니며, 결코 **종결**의 **시작**도 아니겠지만 **시작**의 **종결**은 될 수 있을 것입니다.

처칠은 또 이러한 명문을 남겼다.

패배에 응답하는 방법은 한 가지밖에 없는데, 그것은 바로 **승리**입니다.

설득력 있는 문장을 만들고 싶다면 반대말을 짝지어 보라. 문장의 첫 부분에 쓴 단어의 반대말을 찾아 다음 부분에서 선보이는 것이다.

탁월한 웅변가였던 허버트 험프리도 이 방법을 많이 사용했다. 그는 1948년 민주당 전당대회에서 인권에 대한 발언으로 전국적인 인물로 부상했다. 심금을 울렸던 그의 웅변에는 다음과 같은 설득력 있는 문장이 있었다.

이제 국권의 **그늘**에서 인권의 **양지**로 옮깁시다.

현재 —— 과거(미래)	낮 —— 밤	시작 —— 결말
햇빛 —— 그늘	암흑 —— 광명	진실 —— 거짓
산 —— 바다	파종 —— 수확	부 —— 가난
승리 —— 비극	친구 —— 적	저축 —— 낭비
이익 —— 손해	웃음 —— 울음	희망 —— 절망
전쟁 —— 평화	승리 —— 패배	

에이브러햄 링컨은 노예제 확대를 반대하며 다음과 같이 말했다.

저는 **노예**가 되고 싶지 않듯이 **주인**도 되고 싶지 않습니다.

알렉산더 해밀턴은 1797년 워싱턴의 작별 연설을 초안하면서 다음과 같은 표현을 사용했다.

평화를 지키는 최선의 수단은 **전쟁**을 대비하는 것입니다.

독립전쟁 당시 벤자민 프랭클린은 수많은 명문을 만들었다. 박

진감 있는 문장으로 유명한 프랭클린이 쓴『연감*Almanac*』은 날씨나 수확에 대한 평범한 글에서도 생기가 느껴진다. 그는 자신의 글을 '가난한 리처드의 격언'이라고 불렀다. 리처드 손더스는 프랭클린 연감을 쓴 가상의 편집자이다. 프랭클린은 출판인으로만 이름을 올렸는데, 그 이유를 일기예보가 맞아떨어지지 않을 것 같아서라고 밝혔다.

대조법은 프랭클린이 가장 선호했던 기법이었다. 여기서 '가난한 리처드'가 이 기법을 사용한 몇 문장을 선보이겠다.

절반의 **진실**이란 완전한 **허풍**이다.
선한 전쟁도 **악한 평화**도 없다.
적에게 비밀을 지키려면 **친구**에게도 말해서는 안 된다.
오늘 할 수 있는 일을 **내일**로 미루지 말라.

반대 의미를 가진 단어들로 뛰어난 문장을 만들어내는 일은 쉽다. 필자는 주주총회에서 어떤 경영자가 연설할 연례 보고회에 다음과 같은 글을 넣은 적이 있다.

과거 1987년의 환상적인 성장률은 우리의 **미래**가 무한한 희망이 있다는 것을 보여줍니다.

운율이야말로 최고의 전략이다

운율을 이용하는 방법은 오래 전부터 작가들이 사용해왔던 방법이다. 고대 그리스의 맹인 시인 호메로스는 다음 세대의 시인들이 자신의『일리아스』와『오디세이아』를 하프를 타며 읊을 것이라고 확신했다.

1946년 3월 5일 '철의 장막'에 대한 처칠의 말에는 바다를 지칭하는 두 단어에 운율이 살아 있다.

발트 해the Baltic의 슈테틴에서 아드리아 해the Adriatic의 트리에스테에 이르는 철의 장막 하나가 유럽 대륙을 가로질러 드리워져 있습니다.

이 문장에서는 동요처럼 명확한 외형률이 아닌 더 미세한 운율인 내재율이 드러난다. 처칠이 내재율을 사용한 또 다른 문장도 있다.

문제가 복잡하면Complexities 할수록, 원리는 더욱 간단해진다 Simplicities. 합법성Legality이 아닌 인간애Humanity를 우리의 지침으로 삼아야 한다.

처칠은 사회주의자들을 이런 운율의 명사로 정의했다.

해괴한 숫자decimals와 복잡한 단어polysyllables를 과용過用하는 전
문 지식인들intellectuals.

프랭클린의 '가난한 리처드'는 보다 확연한 음률을 좋아했다.

하루에day 하나씩 사과를 먹으면 의사와 멀어진다away.
사소한 도끼질strokes로 거대한 떡갈나무oaks를 쓰러뜨린다.
일찍 자고 일찍 일어나면rise 건강해지고healthy 부유해지며wealthy
현명해진다wise.

프랭클린 루스벨트는 국회의 입법안에 거부권을 행사하면서 다음
과 같은 운율을 사용했다.

이 법안은 빈민the needy들을 도와주는 법이 아니라 부자the greedy
들을 돕는 법입니다.

오늘날에는 제시 잭슨 목사가 인권운동가로 활동하면서 이런 운
율을 사용했다.

마약 중독자dope들에게는 희망hope이 없습니다.

케네디의 연설문 작가인 테드 소렌슨은 자신도 처칠처럼 운율 사

전을 늘 옆에 끼고 있었다고 말했다. 그는 케네디의 취임 연설에 섬세한 여성적 운율을 도입했다.

> 양 정당은 우리를 분열시키는divide us 문제를 가지고 씨름하기보다 우리를 단합시키는unite us 문제를 논하도록 합시다.

소렌슨은 케네디의 연설을 위해서 다음과 같은 문장도 만들었다.

> 대량살상extermination의 세계에서 국가는 민족자결self-determination의 원칙을 수용해야 합니다.

리처드 닉슨 전 대통령은 1984년 다음과 같은 미세한 운율을 사용했다.

> *연설문 작성가뿐 아니라 시인들도 아홉 가지 운율(AME, AIR, ITE, AKE, OW, AY, ATE, EEM, AIN)을 사용하여 언어를 조탁(彫琢)하기도 한다.*

> 신념은 산을 움직일 수도 있습니다만 힘이 없는 신념은 공허하며futile, 신념 없는 힘은 무모합니다sterile.

시적인 연설을 한 것으로 유명한 마틴 루터 킹은 버밍햄 감옥에서 이런 글을 썼다.

> 불의가 어느 한 곳anywhere에라도 있다면 정의는 어디서나

everywhere 위협받는다.

필자는 어느 경영자가 간부회의에서 이런 말을 하는 것을 들었다.

우리가 점유했던 시장을 탈환하지reclaim 못하면 우리는 과거와 같은 회사로 남을remain 수 없을 것입니다.

어느 기업가는 한 연례회의에서 이렇게 말했다.

우리가 이 작업을 제대로, 말하자면 올바르게right 수행하기 위해서는 우리의 목적을 가시화sight하는 것이 유일한 방법입니다.

어느 기업 간부는 이렇게 말했다.

틀림없이no mistake 이 벤처 사업에는 수많은 위험stake이 도사리고 있습니다.

제약회사의 경영자는 신약新藥 연구진들에게 이런 말을 했다.

우리 회사에 여기 능력 있는 연구진team이 있는 한, 못 이룰 꿈 dream은 없습니다.

아마도 당신은 미국 민주당의 대통령 후보로 아이젠하워와 선거에서 맞섰던 애들레이 스티븐슨의 다음과 같은 구절을 차용할지도 모르겠다.

고통pains 없이 얻어지는 것gains은 없다.

운율을 사용해서 문장을 만들면 깊은 인상을 남길 수 있다. 하지만 한 번의 연설에 단 한 번만 사용하라. 문제에 대한 정의를 내리거나 해법을 제시하는 데 사용하면 적절하다.

반복효과를 활용하라

반복은 어떤 말이나 구절을 반복하는 것을 말한다. 케네디의 연설문 중에서 가장 많이 회자되는 말은 취임식 때의 다음 문장이다.

국가가 여러분에게 무엇을 해줄 것인가 묻지 말고, 여러분이 국가를 위해서 무엇을 할 것인지를 물으시기 바랍니다.

프랭클린 루스벨트의 첫 취임 연설에서도 주목할 만한 말이 있다. 역시 반복효과를 사용하고 있다.

우리가 두려워해야 할 것은 두려움 그 자체입니다.

게티즈버그 연설의 마지막 문장도 '반복'의 원리를 이용하고 있다.

…… 국민의, 국민에 의한, 국민을 위한 정부는 지상에서 소멸하지 않을 것입니다.

레이건 대통령의 연설 중 가장 많이 인용되는 문장도 '반복효과'를 사용했다.

정부는 문제의 해답이 아닙니다. 오히려 정부가 문제입니다.
연방 정부가 각 주의 정부를 만든 것이 아닙니다. 오히려 주 정부가 연방 정부를 만든 것입니다.

윈스턴 처칠의 어록 가운데 '반복효과'를 사용한 몇 가지 사례를 들어보겠다.

자유시장을 없앤다면 암시장을 만들어야 합니다.
광신자란 마음을 바꾸려고 하지 않는 자이며, 자아를 바꾸려고 하지 않는 사람입니다.
우리가 주거 환경을 만들면 그 후에는 주거 공간이 우리를 만듭니다.

지혜란 새로운 것만 있는 것은 아닙니다.

인생은 감흥이며, 감흥은 인생입니다.

우리가 더 깊이 반추할수록 우리는 더 멀리 예측할 수 있습니다.

프랑스가 함락되었을 때 처칠은 다음과 같은 말로 단호한 결의를 내비쳤다.

우리는 해안에서 싸울 것이며, 우리는 육지에서 싸울 것이며, 우리는 거리에서 싸울 것이며, 우리는 언덕에서 싸울 것이며, 우리는 결코 항복하지 않을 것입니다.

리처드 닉슨은 그의 마지막 저서에서 다음과 같은 글을 남겼다.

항상 협상을 준비하라. 하지만 결코 준비 없는 협상을 하지는 말라.

수잔 B. 앤서니는 1890년 샌프란시스코의 집회에서 사람들을 향해 다음과 같은 말로 경고했다.

여성들은 남성들의 보호에 의존해서는 안 됩니다. 스스로를 보호할 수 있는 교육을 받아야 합니다.

헨리 포드는 종업원들에게 이렇게 말했다.

임금을 지불하는 사람은 경영자가 아닙니다. 경영자는 단지 돈을 관리할 뿐입니다. 임금을 지불하는 것은 바로 상품입니다.

보수적인 논객인 윌리엄 F. 버클리 2세는 반복 기법을 사용하여 다음과 같은 문장을 만들었다.

사회주의의 골칫거리는 사회주의이지만, 자본주의의 골칫거리는 자본가들이다.

멋들어진 문구를 만들어내는 반복법에는 세 가지 방법이 있다.

첫 단어의 반복

프랭클린의『연감』에는 이런 문구가 있다.

하늘은 스스로 돕는help 자를 돕는다helps.

화장품 회사의 한 최고경영자는 직원들에게 이런 말을 했다.

미래future가 있는 일이란 없습니다. 당신이 하는 일 속에 미래future가 있습니다.

명사의 반복

처칠은 총리직에 취임하며 '승리'라는 단어를 이렇게 반복했다.

우리의 목적이 무엇입니까? 저는 한마디로 대답하겠습니다. 승리입니다. 어떤 대가를 치르더라도 승리하는 것입니다. 모든 공포를 극복하고 승리하는 것이며, 아무리 그 길이 멀고 험난하더라도 승리하는 것입니다. 왜냐하면 승리 없이 우리는 생존할 수 없기 때문입니다.

처칠은 1941년 미국 상하원 합동회의에서 이렇게 말했다.

우리가 당당했기에 바다oceans를 지나고, 대평원prairies을 지나고, 산맥mountains을 지나온 것입니다.

처칠의 문장을 변형시켜 어느 제약회사 회장은 이렇게 말했다.

여러분께서는 무엇을 할 것인지 물으셨습니다. 저는 한마디로 대답하고 싶습니다. 당뇨병 치료제의 연구이고, 고혈압 처방제의 연구이며, 콜레스테롤 감소제의 연구입니다.

동사의 반복

탄산음료 회사의 경영자는 처칠의 연설을 빌려, 직원들에게 경쟁사를 물리치기 위해서 무엇을 해야 하는지에 대해 말했다.

우리는 디트로이트에서 그들보다 많이 판매할 것입니다. 시카고에서도 그들보다 더 많이 판매하고, 밀워키에서도 더 많이 판매하고, 미네아폴리스에서도 더 많이 판매할 것입니다. – 잠시 쉬고 – 우리는 반드시 해낼 것입니다.

사람들이 가장 인상적으로 느끼는 문장은 앞뒤 단어의 순서를 바꾸어 만든 반복 어구이다. 벤자민 프랭클린이 남긴 말 가운데 이런 것이 있다.

살기 위해 먹지, 먹기 위해 살지 말라.

호텔 경영자가 1960년대의 메리어트의 약진과 하워드존슨의 쇠퇴를 비교하는 연설을 한 적이 있다. 당시 하워드존슨은 여행업계 수요의 변화에 적응하지 못하고 있었다. 이 경영자는 상황을 다음과 같이 요약했다.

그 이유는 그들이 실패를 기획했기 때문이 아니라, 기획에 실패했기 때문입니다.

법무장관 로버트 케네디는 아버지로부터 들은 조언을 참모들에게 들려주었다.

일이 꼬이면 꼬이는 일이 계속된다.

위락업계의 최고경영자는 간부회의에서 이렇게 말했다.

일이란 여러분들의 마음대로 되는 것은 아닙니다. 여러분들이 헌신적으로 일하지 않는다면 여러분의 일도 여러분에게 헌신하지 않습니다.

두운법을 사용하라

처칠이 만든 화술 공식, 일명 CREAM에는 두운법이 있다. 두운법에는 모음보다 자음이 효과적이다. 자음 가운데서도 'p'가 가장 좋다. 처칠은 p자를 사용하여 성공 화술의 비결을 효과적으로 설명했다.

배치pose를 바꾸고, 강약pitch을 조절하며, 쉬는 것pause을 잊지 말라.

1960년 리처드 닉슨의 후보지명 연설에서 오리건 주의 주지사인 마크 햇필드도 'p'자를 활용했다.

닉슨은 베네수엘라의 수도 카라카스에서부터 크렘린까지 순방하는 동안 평화peace의 순례자pilgrim였으며, 진보progress의 선구자 pioneer 역할을 했습니다.

케네디는 취임 연설에서 'p'자와 더불어 'b'자를 사용해 두운을 맞추었다.

우리는 어떤 대가price라도 치르고pay, 어떤 부담burden이라도 짊어질bear 것입니다.

마틴 루터 킹 목사가 1963년 링컨기념관에 남긴 말에는 'c'자가 적절히 배치되어 있다.

저에게는, 네 명의 제 자식들은 피부색color이 아니라 개성character이 무엇인가contents로 판단되는 나라에서 살아갈 것이라는 꿈이 있습니다.

존슨 대통령의 연설문 작가인 딕 굿윈도 인종 차별에 대한 인상적인 문구를 만들었다.

세계는 인류애brotherhood가 확산된broadened 속도보다 더 빨리 이웃neighborhood으로 좁아졌습니다narrowed.

어느 경영자가 회의석상에서 자신의 역할을 이렇게 규정했다.

　　기업을 경영하는 사람의 역할이 무엇인지 아십니까? 경영자 executive는 일반적인 규칙의 예외exceptions를 만들기 위해 존재합니다exists.

『옥스퍼드 동의어·유의어 사전Oxford Essential Thesaurus』만 있으면 두운을 맞추는 것은 힘들지 않다. 고객의 수요를 예측할anticipate 수 있어야 제품을 팔sell 수 있다는 말을 강연한다고 생각해보자.
　사전에서 '예측하다anticipate'라는 단어를 찾으면 '판단하다sense'라는 유의어를 찾을 수 있다. 그리고 나서 단어를 바꾸기만 하면 된다.

　　고객의 수요를 판단하지sense 않으면 제품을 판매하지sell 못할 것이다.

　백화점 경영자는 상품 구매 담당자들에게 '도매업자들의 말을 액면 그대로 믿지 말고 실제로 제품을 잘 검사해야 한다'는 취지의 간략하면서도 설득력 있는 말을 하고 싶어 했다.
　필자는 경영자와 같이 작업을 하면서, '검증하다examine'와 '살펴보다look'라는 단어를 이용해보기로 했다. '살펴보다'에서 우리는 '눈eye'을 떠올렸다. 그 즉시 그 반대어로 '귀ear'가 떠올랐다.

여러분들이 물건을 살 때 여러분의 귀가 아닌 여러분의 눈을 믿으십시오.

은유적 기법

CREAM의 마지막 글자 M은 은유Metaphor를 의미한다. 아리스토텔레스는 다음과 같은 글을 남겼다.

최고의 시구는 때때로 각고의 노력 끝에 나온다.

그것이 바로 심상心象: imagery이며, 심상은 상상력의 결과이다.

처칠은 적절한 은유를 찾는 방법을 알고 있었다. 그는 혼잣말로 '자, 여행을 떠나 보자고.'라고 말하곤 했다. 그는 시인이자 양치기였던 다윗 왕처럼 바위·나무·시내·풀·초원·오솔길·언덕·수풀·산·꽃 등 자연의 이미지를 마음속으로 떠올렸다.

상상력을 발동시키는 다른 방법으로 처칠은 동물원에 들어가서 들짐승과 날짐승을 관찰했다. 처칠은 나치를 파충류라고 생각했다.

유화주의자는 나중에 자신을 먹어주기를 바라며 악어를 키우는 사람들입니다.

처칠은 나치의 책동을 이렇게 표현했다.

보아뱀처럼 나치는 먹이를 먹기 전에 자신의 독을 뿌립니다.

반대로 처칠은 영국을 '사자'라고 표현했다. 사자라는 용어를 쓴 구절 하나를 소개하겠다.

우리는 누군가가 영국이라는 사자를 애완동물로 삼지 않도록 할 것입니다.

처칠의 은유 가운데 '피와 노고와 눈물과 땀'이라는 구절이 있다. 조지 패튼 장군은 처칠이 사용한 상징을 빌려서 다음과 같은 문구를 만들었다.

한 바가지의 땀이 한 동이의 피를 구제합니다.

경영 쪽으로 되돌아가 보자. 필자는 『월스트리트 저널』에서 어느 가구 제조업자가 어떻게 목재 부족 문제를 해결했는지에 관한 구절을 읽은 적이 있었다.

작은 시냇물이 모여서 지금은 큰 강을 이루었습니다.

자동차 회사의 경영자는 중형 세단 승용차 시장에서 경쟁사의 결함을 언급하며 이렇게 말했다.

'표범이 자신의 반점을 없앨 수 있겠느냐?'하고 성경에서 묻고 있습니다. 여러분, 특정한 그 차는 자신의 반점, 즉 결함을 없애지 못했습니다.

기업체의 수장이 영업부 직원들에게 남긴 말이다.

판매란 간단합니다. 머리로 그리고 발로 뛰는 일입니다.

핵심적인 말은 한 가지만 사용하라

> 종종 집안 허드렛일이나 쇼핑, 잔디 깎기 등의 흔한 일상사가 적절한 은유의 대상이 되기도 한다.

루스벨트 대통령은, 제2차 세계대전 발발 당시 중립을 지키던 미국이 영국과 소련 등의 연합국에게 무기를 지원하기 위해 제정한 무기대여법을 지지하며 이러한 말을 했다.

이웃집이 불타고 있는데 호스를 빌려주지 않을 사람이 있겠습니까?

닉슨 대통령은 협상을 정원의 잔디 깎는 일에 비유한 적이 있었다.

> 협상이란 잔디 깎는 일과 같습니다. 잔디 깎는 일은 먼저 바깥 부분부터 시작해서 서서히 중앙으로 들어가야 합니다. 마찬가지로 소련과의 협상에서 먼저 핵심적인 미사일 문제를 꺼내기보다는 베링 해의 어업권에 대한 합의를 이루어낼 것입니다.

핵심적인 문장을 만들어내는 일은 간단하다. 먼저 사람들에게 전달하고픈 '핵심적인' 생각이 무엇인가를 확인하라. 직접 글로 써보고 시험해보라. 처칠처럼 '동물원에 가는' 것을 연상하거나, '여행을 떠나는' 것을 연상해보라. 아니면 루스벨트처럼 집안의 자잘한 대소사를 생각해보라. 아니면 케네디의 연설문 작가 테드 소렌슨이 그랬던 것처럼 두운법을 쓸 수 있는 유의어類義語를 찾아보거나, 아홉 가지 운율을 살릴 수 있는 단어를 써도 좋다.

이때 명심해야 할 것은 이 핵심적인 문장을 단 한 번만 사용하라는 것이다. 아무리 인상적인 말이라도 상대방이 한 가지 이상의 문구를 기억하는 것은 무리다. 이 기법을 남용하면 그 효과가 상실된다.

상대의 의표를 찔러
자신의 페이스로 끌어들인다

밤하늘의 유성처럼 정확한 그 질문이 빛을 내뿜었다.
— **토머스 제퍼슨**

지난 1980년에 있었던 미국 대통령 선거 기간 동안 카터 대통령은 레이건 주지사를 앞서고 있었다. 카터 진영에서는 공화당 전당대회에서 레이건이 부시를 이기고 대통령 후보로 선출되기를 내심 고대했다. 레이건을 약체 골수 우익으로 생각했기에 쉽게 이길 수 있을 것 같았다. 선거 기간 내내 상황은 카터 진영의 기대와 맞아떨어졌다.

그런데 그해 8월이 되자 상황은 반전되기 시작했다. 필라델피아의 텔레비전 토론회에서 레이건 주지사는 시청자들에게 이런 질문을 던지기 시작했다.

여러분, 지난 4년 전보다 살림살이가 나아졌다고 느끼십니까? 그렇다면 카터 대통령에게 투표하십시오. 그런 느낌이 없다면 저를 찍어주십시오.

정곡을 찌르는 질문으로 분위기를 반전시킨다

그때부터 카터 진영은 우왕좌왕하기 시작했다. 결국 레이건은 큰 표 차이로 카터를 누르고 대권을 쥐었다.

> 핵심을 찌르는 질문 하나가 전광석화같이 빠르고 강한 파괴력을 발휘한다.

질문이란 단정적인 문장과는 달리 상대방의 응답을 요구하게 된다. 질문을 받은 사람은 속으로나마 그 해답을 한 번쯤 생각해보게 된다.

링컨은 남부에서 노예해방에 반대하는 법안을 내놓자 이렇게 반박했다.

새로운 시도도 해보려 하지 않고 케케묵은 보수주의에 집착하시는 겁니까?

링컨은 스티븐 더글러스와의 논쟁에서 재치 있는 질문으로 토론을 이끈 적이 있다. 민주당 의원이었던 더글러스가 링컨에게 '두 얼굴의 인격자'라는 말로 공격하자 링컨이 대꾸했다.

제가 정말 두 얼굴을 가진 놈이라면 이렇게 생긴 얼굴을 내밀고 다니겠습니까?

정답을 알고 있어야 한다

증인 대질 심문에서 지켜야 할 철칙 중 하나가 해답을 모르면 절
대 질문하지 말라는 것이다. 필자의 아버지가 1930년 어느 노숙자
를 변호해준 일이 있었다.

늙은 노숙자가 양계장에 몰래 들어와 닭 한 마리를 잡아먹었다.
그런데 마침 밖에 비가 내리는 바람에 양계장에서 하룻밤을 묵게
되었다. 노숙자는 다음날 경찰로 넘겨졌다.

검사는 이 노숙자를 강도 죄, 절도 죄, 무단 침입 및 기물 파손
죄, 사유지 침입 죄를 이유로 고소했다. 법정에서 검사는 피고인
에게 물었다.

"전과가 있습니까?"

노인은 고개를 끄덕였다.

"어디에서 복역했습니까?"

반백의 노인은 대답했다.

"조지아 주의 앤더슨빌 교도소입니다."

앤더슨빌 교도소라면 남북 전쟁 당시 '포로수용소'였던 곳이다.

아버지는 배심원들에게 호소하며 말했다.

"배심원 여러분, 이 노인이 앞으로 더 복역해야 한다고 생각하십니까?"

아버지는 이 질문에 어떤 답이 나올 것이라는 것을 알고 물은 것이었다. 이 노숙자는 곧 석방되었다.

지난 1960년 미국 공화당 전당 대회에서 전직 목사였던 미네소타 주의원이 연속적으로 질문을 던졌다.

동유럽의 7천만 민중들이 소련의 탄압으로 자유를 잃은 것은 공화당 정권이 들어섰을 때였나요? 수억의 중국 민중들이 공산화된 때가 공화당 정권이 들어섰을 때였나요?

청중들은 질문마다 "아니오"라는 소리를 내질렀다. 그 의원은 20년이 지난 어느 날 그때의 원고 초안이 "…… 때는 공화당 정권이 들어섰을 때가 아니었다."라고 내게 말했다.

이 노련한 연사는 평이한 문장을 모두 강력한 의문문으로 바꾸어 메시지를 전달했던 것이다.

질문은 상대방의 동참을 이끌어낸다

모든 질문이 긍정이나 부정의 답을 요구하는 것은 아니다.

1950년 영국의 노동당 출신 장관이 노동당 집권 아래에서 영국 사회가 더욱 발전했다는 논리를 펴며, 그 사례로 출생률과 인구의 증가를 들었다. 그러자 처칠은 이렇게 질문하며 반박했다.

의원님이 마지막으로 언급한 출생률 수치는 노동당 집권 때가 아니라 보수당 집권 때라는 것에 동의하지 않는다는 것입니까?

물론 응답이 없더라도 어떤 답이 나올지는 염두에 두고 있어야 한다. 미국의 여권 운동가 수잔 B. 앤서니의 말 속에는 다음과 같이 도전적인 의문을 제기하는 문구가 있다.

마지막으로 해결해야 할 의문은 바로 이것입니다.
과연 여성도 인간인가?

어떤 프로야구단이 우승을 기대하며 거액을 투자해 거물급 투수를 영입했으나, 시즌 중간에 그 꿈이 무너졌다. 그러자 구단의 업무 과장은 구단의 근시안적인 조치에 대해 의구심을 갖게 되었다. 그는 본사 회의석상에서 이런 의문을 제기했다.

우리가 올해 그 투수로는 플레이오프에 진출할 수 없었으니, 이제 내년을 기약하며 그 투수를 방출하고 다른 선수들을 영입해야 하는 것 아닙니까?

로마시대의 원로이자 철학자 키케로Marcus Tullius Cicero는 정곡을 찌르는 의문문에 정통한 사람이었다. 그의 화술은 그 후에 미국의 수많은 웅변가들에게 영향을 주었다. 그는 부패한 원로 카틸리나를 비판하며 이렇게 말했다.

카틸리나 의원, 당신은 언제까지 우리의 인내심을 시험할 작정입니까?

사도 바울도 정곡을 찌르는 의문문에 정통했다.

나팔이 분명하지 않은 소리를 내면, 누가 전투를 준비하겠습니까?

어느 대기업 회장은 간부회의에서 샐러드 드레싱 제품을 개발한 계열사를 향해 이렇게 경고하였다.

판매 실적이 악화되는 가운데 이 형편없는 개발에 얼마 동안이나 우리가 돈을 쏟아부어야 합니까?

수사의 달인

진주만 공습이 있었던 1941년 10월경 처칠이 미국 상하원 합동회의에서 '분노의 연서'를 낭독한 후에 다음과 같이 말했다.

일본인들은 진주만과 태평양 군도, 필리핀, 말레이 반도에 공습을 단행함으로써 우리에게 적대행위를 했습니다……. 우리의 인내력과 이성적인 판단으로는 더 이상 일본의 책동을 방치할 수 없는 상황이 되어버렸습니다.

처칠은 잠시 멈추고 이렇게 말했다.

도대체 일본인들은 우리를 어떤 족속으로 생각하는 것일까요?

의원들은 모두 일어나서 5분 동안 우레와 같은 박수로 응답했다.

간단명료하면서 반어적 의미를 가진 처칠의 말은 최고의 호소력을 갖게 되었다. 처칠은 역설적 내용의 질문 한마디가 가장 효과적이라고 생각했다.

상대방을 일깨우려 한다면 처칠의 의문문을 사용해보라.

핵심적 메시지를
집중적으로 전달한다

그 한마디가 종소리처럼 울려 퍼졌다.
—**존 키츠**

연설이나 발표에서는 한마디 말을 유독 강조하고 싶을 때가 있다. 고래고래 고함치며 그 말을 강조할 필요는 없다. 강조하고 싶은 말 바로 앞에서 잠시 침묵해보라. 그것이 최상의 방법이다.

제2차 세계대전 때 미국 CBS 라디오 뉴스 종군기자로 활약했던 에드워드 머로Edward Murrow는 당시 전시 상황을 라디오를 통해 들려주었다. 그 당시 여섯 살이었던 필자는 어머니와 함께 뉴스를 들었는데, 아직도 그의 첫 오프닝 멘트가 귀에 생생하다.

이곳은 (잠시 쉬고) 런던입니다.

제2차 세계대전이 끝난 후에 그는 저녁 뉴스를 진행했다.

이곳은 (쉬고) 뉴스센터입니다.

『뉴요커』지의 인명록에는 머로를 평하는 글이 있다.

마지막 심판의 날에도 우리는 머로가 중후한 목소리로 '이분이 (쉬고) 하느님입니다.'라는 소리를 듣게 될 것이다.

그는 인터뷰에서 학창 시절 연극지도 교사에게 강조하고 싶은 단어 앞에서 멈추는 법을 배웠다고 밝혔다. 머로는 강조하고 싶은 말 바로 앞에서 말을 멈추면 사람들이 집중하게 된다고 말했다.

미국의 라디오 진행자였던 폴 하비Paul Harvey는 프로그램이 끝날 때면 항상 이렇게 말했다.

…… (쉬고) 좋은 하루 되세요.

윈스턴 처칠은 조금 다른 방법을 썼다. 처칠은 말을 더듬거렸다. 그는 자신이 말을 더듬거린다는 인상을 주지 않기 위해서 연설을 할 때 일부러 더듬거리는 말을 집어넣었다. 처칠은 핵심 단어를 말할 때 고의적으로 말을 얼버무렸다. 그는 혹시 불쑥 튀어나올지도 모르는 말더듬의 대비책이 될 것이라는 생각까지 했다. 처칠은 이 방법으로 무의식중에 나오는 말더듬 버릇까지 고칠 수 있었다.

핵심을 강조하는 기법

처칠은 셰익스피어의 희곡 『헨리 5세』에 나오
는 왕의 대사를 소개하며 한 군데서 말을 얼버무
렸다.

> 익숙한 단어 앞에서 말을 멈추면 강한 효과를 기대할 수 있다.

따라서 굳은 결의로 우리 사명을 완수하여 대영제국과 그 연방
을 천년 후까지 지속시킨다면 세인들은 이렇게 말할 것입니다.
'그때가 (잠시 얼버무리며) 영국의 전성기'였노라고.

루스벨트도 이 방법을 효과적으로 사용했다. 그는 진주만 공습에
대한 라디오 연설을 하면서 특이한 단어를 사용했다.

어제 1941년 12월December 7일은 영원히 (잠시 쉬고) 수모infamy의
날date이 될 것입니다. 진주만은 주도면밀한 공습을 당했습니다.

루스벨트가 두음頭音을 맞추려 했다면 치욕disgrace라는 단어를 선
택할 수도 있었지만, 그는 일부러 연설문에서 잘 사용하지 않는 수
모infamy라는 단어를 사용하였다. 루스벨트는 '수모'라는 단어가 다
음날 신문의 헤드라인을 차지할 것으로 기대하며 말한 것이었고, 실
제로 그렇게 되었다.

루스벨트는 1941년 참전參戰하기 전에 또 하나의 멋들어진 문장을

만들어냈다.

미국은 (잠시 멈추고) 민주주의의 병참기지가 되어야 합니다.

1953년 영국의 공립학교를 다니고 있던 필자는 셰익스피어의 마지막 희곡『헨리 8세』를 공연하면서 조연을 맡은 적이 있었다. 배우이자 희곡작가였던 에믈린 윌리엄스가 학생들에게 연기 지도를 하기 위해서 방문했다.

윌리엄스는 배우가 연기할 때 다른 모든 대사는 불분명하게 발음하더라도 그 중 핵심이 되는 한마디만은 명확히 전달해야 하며, 반드시 그 앞에서 멈추는 시간을 가져라고 알려주었다.

필자의 대사 가운데 울지 추기경에 대해 말하는 부분이 있었다. 핵심 단어는 '극악極惡하게'라는 것이었으며, 윌리엄스는 내게 그 단어 앞에서 멈추고 말하라고 했다. 그 잠깐의 침묵은 내가 이 추기경에 대한 증오와 폭언을 더욱 실감나게 표현할 수 있도록 만들었다.

모든 국민들이 추기경을 (잠시 쉬고) 극악하게 미워하고 무덤 속에 깊이 묻혔으면 하고 바랍니다.

맥아더 장군은 웅변가로서의 기교와 배우로서의 재능을 동시에 갖고 있던 인물이었다. 그도 역시 단어를 강조하는 법을 터득하고 있던 사람이었다. 그는 1942년 필리핀에서 호주로 떠나며 다음과 같이 유명한 말을 남겼다.

　　나는 (잠시 쉬고) 돌아올 것입니다.

　　맥아더는 트루먼에 의해 퇴임당한 후 상하원 합동회의에서 그 유명한 정적의 순간을 만들었다. 맥아더는 담담하게 다음과 같은 말을 전했다.

　　그 무엇도 (잠시 쉬고) 승리를 대체할 수 없습니다.

　　배우들은 중요한 대사를 앞두고 잠시 멈추는 침묵의 효과를 잘 알고 있다. 처칠이나 루스벨트, 레이건과 같이 연기를 알고 있던 리더들은 강연에 대비해 핵심적 단어를 선택하곤 했다.

> 핵심어를 빛나게 하라. 전략적인 침묵으로 그 낱말을 강조하라.

　　멋들어진 문구를 만들어냈다면 이제 그 문구를 돋보이게 할 일만 남았다. 강조하고 싶은 문구는 네온사인처럼 주목을 끌게 하고 싶은 법이다.

　　멋들어진 문장에 꽤 많은 시간을 투자했다면 사람들의 뇌리 속에 그 말을 기억시켜야 한다. 사람들이 멋진 문구를 알아차리지 못한다면 반응할 여지도 없는 것이다.

핵심어 앞에 형광펜 역할을 하는 말을 넣어라

원고를 작성할 때는 이탤릭체를 쓰기도 하고 밑줄을 그을 수도 있다. 하지만 실제 말로 표현할 때는 어떻게 이탤릭체나 밑줄을 표현할 수 있겠는가? 사람들은 어느 문장에 밑줄이 그어졌는지 알 턱이 없다.

보고서나 참고 자료를 읽으면서 중요한 구절이 나오면 형광펜으로 체크를 하곤 한다. 포드 대통령과 일할 때였다. 포드 대통령의 연설에 언젠가 이런 문장을 쓴 적이 있었다.

> 핵심이 되는 문장 앞에 나오는 말은 형광펜 역할을 하며 다음 문장을 강조한다.

비록 우리가 이상理想에 충실하게 살아온 것만은 아닐지라도, 역사상 우리들보다 더 높은 이상을 추구한 나라도 없었습니다.

필자는 위의 문장을 소개하기 위해서 형광펜 역할을 하는 말을 넣었다.

미국을 비판하는 자들에게 제가 항상 하는 말이 있습니다.

숙박업계 최고경영자는 이런 말을 사용하고 싶어 했다.

경영학은 서비스학이다.

234

필자는 그 말 앞에 이런 문장을 만들어주었다.

호텔 경영의 비결은 간단합니다. 그것은 이렇게 요약할 수 있죠. (잠시 쉬고) 경영학은…….

프랭클린 루스벨트도 자신의 첫 취임 연설에서 이 방법을 사용했다. 다음은 루스벨트가 1933년 4월에 강연한 내용이다.

다시 한번 저의 확고한 신념을 말씀드리겠습니다. (잠시 쉬고) 우리가 진정 두려워해야 할 것은 두려움 그 자체입니다.

왜 루스벨트는 '나의 확고한 신념'이라는 말까지 썼을까? 다른 일에는 우유부단해서? 확고한 신념이 없어서? 이것이 바로 그가 주목을 끄는 방법이었다. 그리고 하늘의 비행 자국처럼 사람들의 뇌리에 선명한 흔적을 남겼다.

그리스인들은 이 방법을 '프로니케pronyche'라고 했다. 기원전 341년 아테네의 대웅변가 데모스테네스는 이 방법으로 알렉산더 왕의 경고에 귀를 기울일 것을 호소했다.

지금부터 드리는 말씀은 역설이자 진실입니다. (잠시 쉬고) 과거에 최악이었지만 미래에 최고가 될 수 있는 자가 누구겠습니까?

윈스턴 처칠은 총리 취임 연설에서 이 방법으로 그 유명한 명언을 남겼다.

저는 의원님들과 각료들에게 한 말씀을 드리고 싶습니다. (잠시 쉬고) 저는 피와 노고, 눈물, 땀밖에 바칠 것이 없습니다.

게티즈버그 연설에서 에이브러햄 링컨은 다음과 같은 말로 마지막 결론을 끌어냈다.

우리는 굳게 다짐합니다. (잠시 쉬고) 그들의 죽음을 결코 헛되지 않게 하고 신의 가호 아래 이 나라에서 새로운 자유를 탄생시킬 것이며 국민의, 국민에 의한, 국민을 위한 정부를 지상에서 소멸시키지 않게끔 할 것을.

독립전쟁 당시 웅변가 패트릭 헨리의 그 불멸의 명언은 어떻게 소개되었을까.

다른 사람이 뭐라고 하든 전 이렇게 말씀드립니다. (잠시 쉬고) 나에게 자유가 아니면 죽음을 달라.

20세기 초에 가장 많이 회자된 명연설은 금권정치와 제국주의에 반대한 진보적 정치가인 윌리엄 제닝스 브라이언William Jennings

Bryan의 '황금의 십자가'였다. 그의 웅변은 1896년 민주당 전당대회를 휩쓸었고, 무명이나 다름없던 이 38세의 하원의원은 대통령 후보로까지 지명되었다. 그 말이 얼마나 유명했던지 그 후 15년 동안 수없이 회자되었다. 그의 '황금의 십자가'는 연설문 최초로 전문이 레코드에 취입되기도 했다.

형광펜 역할을 하는 말은 한 번만 사용하라. 사람들의 뇌리에 각인시킬 말 바로 앞에 사용하라.

> 우리는 저들의 요구에 이렇게 답할 것입니다. (잠시 쉬고) 당신들은 노동의 머리에 가시면류관을 씌우지 못하게 될 것이며, 황금의 십자가에 인류를 못박지 못할 것입니다.

그와 동시대를 살았던 루스벨트는 다음과 같이 자신의 인생철학을 정의했다.

> 저는 국민 여러분에게 당부드립니다. (잠시 쉬고) 우리나라는 편안한 삶이 아니라 불굴의 노력을 원합니다.

핵심을 말하는 방법에는 예외가 있다

최근 증간된 『바틀릿의 친근한 인용문』에는 커뮤니케이션의 대가였던 로널드 레이건의 말이 거의 보이지 않는다. 어떤 이는 이 책의 정치적 성향 때문이라고 말하며, 또 다른 이는 레이건의 말투에 거부감을 느꼈기 때문이라고 했다.

토니 돌란Tony Dolan이 쓴 레이건의 취임 연설에는 사람들의 심금을 울리는 구절이 있다.

우리가 우리의 나라를 사랑한다면 우리의 동포들도 사랑해야 하지 않겠습니까?

필자는 워싱턴의 한 호텔에서 돌란과 술 한잔을 하며, 그 말 앞에 주목을 끄는 말을 제안했다.

국민 여러분, 저는 이렇게 말하고 싶습니다.

돌란은 머리를 내저었다.

"레이건은 그런 말을 좋아하지 않습니다. 그런 말은 떠버리 정치인 같은 느낌을 준다더군요."

맞는 말이었다. 상투적인 말로 치장을 하면 마치 시장 바닥에서 장광설을 늘어놓는 정치꾼 같은 느낌을 갖게 한다.

레이건은 연설에 대해 자기 개념이 있었다. 그는 평범한 이웃을 대하듯 부엌이나 뒤뜰에서 이웃과 담소할 때 쓰는 말들을 좋아했다.

레이건은 정치적 수사법을 즐겨 사용하는 케네디 연설을 좋아하지 않았다. 레이건은 '친애하는 국민 여러분'이라는 말을 사용한 적이 없다. 그런 말은 너무 오만하고 현학적이라고 생각했다. 그는 귀가 솔깃해지는 명문을 만드는 데 신경을 쓰지 않았다. 그는 친근감을 택했다.

인상적인 맺음말로
긍정적 이미지를 각인시킨다

> 시작의 기술은 위대하다. 그러나 종결의 기술은 더 위대하다.
> — **헨리 워즈워스 롱펠로**

케네디는 1960년 대통령 선거 운동의 일환으로 전국의 공항을 돌아다니며 유세를 했다. 공항 활주로에 내려선 케네디는 테드 소렌슨이 쓴 짧은 원고를 읽었다. 유세의 막바지에 이르러 케네디는 붉게 물든 석양을 바라보며 마지막 말을 꺼내곤 했다.

제헌의회를 구성하며 가장 연장자인 프랭클린이 서명할 때, 의사당 정면에는 워싱턴 장군이 회의를 주재하던 의자가 있었습니다. 그 뒷면에는 태양이 지평선에 낮게 떠 있는 그림이 있었습니다.

"저는 한때 그 그림이 지고 있는 태양인 줄만 알았습니다. 하지만 지금은 이것이 뜨고 있는 태양이라고 생각됩니다. 미국을 위한 새로운 날, 자유를 위한 새날을 맞이하는 것이죠."

테드 소렌슨은 케네디 연설을 준비하며 촛불의 이미지를 도입하기도 했다.

1780년 어느 날 오후, 코네티컷 주 하트퍼드의 맑은 하늘에 먹구름이 끼기 시작하더니 금세 밤처럼 어둑어둑해졌습니다. 종교적인 삶에 충실했던 당시 사람들은 종말이 온 거라 생각하며 마지막 기도를 올렸습니다. 그때 코네티컷 주의회가 열려 있어 의사당은 공포의 도가니였습니다. 의원들은 너 나 할 것 없이 휴정을 요구했습니다. 의사당은 데이븐포트 장군의 발언으로 평온을 찾았습니다.

"심판의 날이 지금 올지 안 올지는 모릅니다. 안 온다면 휴정할 이유가 없겠지요. 하지만 지금이 심판의 날이라도 저는 하느님에게 제가 열심히 소명을 다하고 있는 모습을 보여드리고 싶습니다. 그래서 저는 이 민주주의의 전당을 내리비추는 촛불을 가져오고 싶습니다."

맺음말은 커뮤니케이션의 마지막 기회다

케네디처럼 처칠도 인상적인 맺음말을 좋아했다. 『수사학의 발판』이라는 책에서 처칠은 극적인 맺음말의 중요성을 역설했다. 그는 맺음말이 사람

> 맺음말은 자부심, 희망, 사랑 혹은 공포감과 같은 감성에 호소하는 것이 좋다.

들과 의사소통을 이루는 마지막 기회라고 생각했다. 비록 지금까지의 말이 무덤덤했더라도 인상 깊은 맺음말로 만회할 기회는 있다.

자부심 – 동료에 대한 자부심, 공동체에 대한 자부심, 직업에 대한 자부심
희망 – 미래에 대한 전망, 내일에 대한 희망, 새로운 기회, 사고의 확장
사랑 – 가족에 대한 사랑, 나라에 대한 사랑, 신에 대한 사랑
공포 – 즉시 조치를 하지 않으면 일어날지도 모르는 재앙

성경 혹은 셰익스피어

처칠은 정서적 호소력을 극대화하기 위해서 성경이나 셰익스피어의 글을 인용하곤 했으며, 자신의 개인적인 경험을 넣을 때도 있었다.

그는 미국의 지원을 요청하는 라디오 토론 프로그램에서 이 두 가지 방법을 모두 사용했다.

저는 루스벨트 대통령으로부터 한 통의 편지를 받은 적이 있었습니다. 편지는 롱펠로의 시가 자필로 적혀 있었습니다.

닻을 올려라, 미국이여!

닻을 올려라, 강인하고 위대한 미국이여!

의혹과 불안감,

혹은 미래의 기대감으로

인류가

너의 운명을 숨죽이며 지켜보노니

처칠은 이 편지를 읽고 고개를 들며 말했다.

　내가 미국인과 루스벨트 대통령에게 뭐라고 응답해야 할까요?
　"우리에게 종전시킬 장비를 달라."
　이것이 그 답입니다.

처칠은 폭격당한 런던의 서부 지역을 방문하여 간단한 연설을 했다. 그는 성경을 인용하여 맺음말을 강조하였다.

　우리는 선지자 아모스의 이야기를 알고 있습니다. 하느님이 그를 불러 물었습니다.
　"아모스, 무엇을 보고 있느냐?"
　아모스는 "벽을 보고 있습니다."라고 답했습니다.
　그러자 하느님은 "그 벽 옆에 무엇이 있느냐?"라고 물었습니다.
　아모스가 대답하기를 "다림줄입니다." 하니, 주께서 말씀하시길 "내가 다림줄을 놓아 이스라엘 사람들의 믿음이 얼마나 신실한지 살펴보고 있었느니라."라고 하셨습니다.
　우리는 지난 며칠 동안 런던 서부 지역 주민들이 얼마나 강하고 신실한 사람들인지 살펴보았습니다.

프랑스가 독일에 함락당하자 처칠은 영국 성공회 기도문에서 맺음말을 빌려왔다.

오늘은 부활절 후 여덟 번째 일요일로 삼위일체 축일입니다. 수세기 전 선조들은 말씀으로 진실과 정의의 충복들을 격려하셨습니다. "스스로를 무장하고 대담하게 응전하라. 나라와 제단이 유린당하는 것을 보느니 전투에 임하는 것이 나으리니, 하느님의 뜻이 땅 위에도 이루어지게 하소서."

커뮤니케이션의 대가 레이건

커뮤니케이션의 대가 로널드 레이건도 감정의 효과를 잘 알고 있었다. 레이건은 선거에서 포드에게 패배한 후 1976년 캔자스 전당대회에서 지지자들의 심금을 울렸다. 레이건은 희망을 잃지 말자면서 이렇게 말을 맺었다.

1630년 존 윈드롭 주지사는 북미행 기선에서 청교도 승객을 불러 모아놓고 새로운 식민지를 건설해야 한다고 역설했습니다.
"우리는 언덕 위에 사는 사람들임을 항상 명심해야 합니다. 사람들이 늘 우리를 보고 있습니다."

레이건은 1981년 다음과 같은 말로 취임 연설을 마무리했다.

작은 도시에서 이발관을 운영하는 마틴 트렙토라는 젊은이가 있었습니다. 그는 일을 그만두고 그 유명한 무지개 사단 ― 1917년 미군 제42사단, 1·2차 세계대전을 통해 혁혁한 전과를 올린 부대

— 에 들어가 포연이 자욱한 프랑스 전선에서 임무를 수행했습니다. 그는 프랑스 서부 전선에서 전투 중 사망했습니다.

전사한 그의 몸에서 일기가 나왔습니다. 그 한 페이지에는 '나의 믿음'이라는 제목의 글이 있었습니다.

"미국은 이 전쟁에서 반드시 승리할 것이다. 그러기 위해 나는 전투 과정의 모든 문제를 내 일처럼 생각하며 희생과 인내심을 발휘할 것이다."

레이건 대통령은 1982년 라디오 연설에서 미국에 대한 자긍심과 애국심을 호소하며 이렇게 말했다.

얼마 전 해군 순찰함대 사령관이 레바논에서의 테러로 부상을 당해 입원한 해군 병사를 찾아갔습니다. 해병은 시력을 잃은 상태였으며 붕대가 머리에서 발끝까지 감겨 있었습니다. 그는 자기 침상 옆에 앉아 있는 사람이 함장이라는 것을 전혀 눈치채지 못하고 있었습니다. 젊은 병사는 사령관 어깨에 손을 올려 별을 세어보았습니다. 하나, 둘, 셋, 넷.

병사는 고개를 끄덕이더니 쓸 것을 달라고 손짓했습니다. 그리고 그는 쪽지에 '충성'이라고 썼습니다.

우리도 용감한 사람의 의무를 다해야 하지 않겠습니까?

노병은 죽지 않는다

맥아더 장군이 퇴임하며 의회 합동연설을 할 때, 필자는 고등학교
에 다니고 있었다.

제가 웨스트포인트를 졸업한 후에 세상은 몇 번이나 그 모습을
바꾸었으며, 꿈과 희망도 오래 전에 잊혀졌습니다. 하지만 아직
제 귓전에는 당시의 군가가 맴돌고 있습니다. 자랑스럽게 외치는
군가가 들립니다.

"노병은 죽지 않는다. 다만 사라져 갈 뿐이다."

저는 군가의 그 노병처럼 하느님께서 주신 직무를 다하고 이제
군을 떠나 다만 사라질 뿐입니다.

안녕히 계십시오.

마틴 루터 킹 목사는 「나의 꿈」이라는 연설에서 희망을 설파했다.
오래된 찬송가에서 받은 영감으로 사람들에게 솟구치는 희열을 느
끼게 했다.

우리가 자유의 종소리를 울린다면, 집집마다, 모든 도시와 국가
에서 자유의 종소리를 울려 퍼지게 한다면 하느님의 모든 자식들,
흑인과 백인, 유대교와 이교도, 기독교와 가톨릭 모두가 손에 손
을 맞잡고 흑인 영가를 부를 날을 더 앞당기게 될 것입니다.

"마침내 자유, 마침내 자유! 전능하신 하느님 찬양, 우리는 마침

246

내 자유라네."

이미 사용된 일화를 참고하라

케네디와 레이건은 위인의 일화, 처칠은 성경과 시, 맥아더와 마틴 루터 킹은 민요나 찬송가로 말을 맺곤 했다.

이 대가들이 인용했던 이야기를 차용하는 것도 한 방법이다. 어떤 경영자는 윌리엄즈포트에 새 은행 지점을 개설하면서, 제헌의회 의장 시절 프랭클린이 했던 말을 사용했다. 이 경영자는 '미국의 새날과 자유의 신새벽'을 인용한 후, 이렇게 바꾸어 말하였다.

> 화술의 대가들은 주로 감성적인 말로 연설을 끝냈다.

여기 새 지점은 이 도시의 새날과 새 지평을 열게 될 것입니다.

어느 기업가는 근로자 격려 연설에서 레이건이 했던 해병 이야기를 인용하며 이렇게 말을 끝마쳤다.

우리 모두 '서비스는 제품의 마무리 단계다.'라는 창업주 정신에 충실합시다.

많은 사람들 앞에서 말할 기회가 없다고 생각할 독자들이 있을지 모르겠다. 그러나 그렇지 않다. 사교 모임에서 강사를 소개할 때, 간담회를 할 때 이미 당신은 대중 앞에 서본 것이다. 회사에서 제품 발표회를 할 때, 혹은 기획회의 토론장에서 이미 당신은 대중 앞에 섰다.

말할 때 결론이나 절정 부분이 밋밋하게 흘러가면 직장생활에서 승진을 장담할 수 없다. 당신이 직원들 앞에서 상을 수여한다고 가정하면 윈스턴 처칠에 관한 이야기가 효과적일 수 있겠다.

1940년 처칠은 도심 폭격에도 다섯 번이나 목숨을 건진 시민군에게 빅토리아 훈장을 수여하는 중이었다. 이 사내는 말했다.

"총리님, 영광입니다."

처칠이 대답했다.

"아니요, 절대 그렇지 않습니다. 오히려 이런 상을 드릴 수 있게 되어 제가 영광이지요."

정년퇴임을 하는 직원에게 이런 말을 하는 것도 인상적일 것이다.

오늘 퇴임하는 앨빈을 생각할 때마다 저는 솔로몬 왕이 연상됩니다.

천사가 솔로몬을 방문하고 '부, 권력, 명예' 중에서 왕으로서 가장 필요한 것이 무엇이냐고 물어보았습니다.

솔로몬이 "넓은 아량을 주십시오."라고 말했지요.

동료들 사이에서 앨빈의 헌신성과 한없는 친절함이 입에 오르
내렸던 것을 보면 하느님께서는 분명 그에게 넓은 아량을 주신 것
이 틀림없습니다.

상황에 맞는 역사적 일화를 찾아라

처칠은 각료회의가 탁상공론으로 흐르자 다음과 같은 일화를 들
려주었다.

조지 워싱턴 사령관의 휘하에는 '미친 앤서니'라 불리는 참모가
있었습니다. 이 참모는 워싱턴에게 '사령관님이 공격 명령만 내리
시면 적진으로 진격해 들어가겠습니다.'라고 말했습니다.

워싱턴 장군은 '앤서니 장군, 먼저 허드슨 강의 스토니 포인트를
공격하는 것이 나을 것 같은데요.'라고 결론지었습니다.

여러분, 우리도 서부전선보다 북아프리카에 초점을 맞춥시다.

성당을 축조하라

로널드 레이건은 캘리포니아 주지사로 출마하기 전에 제너럴 일
렉트릭 사의 대변인으로 일했었다. 그는 직원들을 독려하며 이렇게
말했다.

중세 독일의 쾰른에 세 명의 석공石工이 있었습니다. 어느 날 손님이 찾아와 그들에게 지금 하고 있는 일이 무엇인지 물었습니다.

첫 번째 석공은 "돌을 다듬는 일을 하고 있습니다."라고 대답했습니다. 두 번째 석공은 "벽을 만드는 일을 하고 있습니다."라고 했습니다. 하지만 세 번째 석공은 의기양양하게 "저는 성당을 만드는 일을 하고 있습니다."라고 외쳤습니다.

여기 계신 여러분도 에너지의 성당을 축조하고 있는 것입니다.

'더 멀리 있는 곳'

처칠 버금가는 강한 지도력을 발휘한 총리인 마가렛 대처처럼 역사적인 사건으로 강연을 끝내는 방법도 있다.

텍사스의 한 소프트웨어 회사를 방문한 대처는 미국 기업의 기술적인 발전에 대해 강연하면서 다음과 같이 말을 맺었다.

1492년 콜럼버스가 신대륙으로 항해를 떠날 때 산타마리아 호는 스페인의 여왕 이사벨 1세의 기를 꽂았습니다. 깃발에는 '가장 먼 곳Ne plus Ultra'이라는 뜻을 가진 문양文樣이 새겨져 있었지요. 스페인이 세상 맨 끝에 있는 국가라고 생각했기 때문이었습니다.

콜럼버스가 스페인으로 돌아와 여왕에게 신대륙 발견을 보고하자 여왕은 궁정 화가를 시켜서 '더 멀리 있는 곳plus ultra'이라는 문양의 깃발을 다시 그리도록 했습니다.

여러분, 새로운 기술과 새로운 기회가 저 너머 더욱 많은 길을

250

개척하게 될 것입니다.

세 가지 맺음말

필자는 기업가들에게 맺음말로 세 가지 일화를 추천하는데, 모두 아이젠하워에 대한 이야기다.

제2차 세계대전이 끝나고 아이젠하워 장군은 게티즈버그에 있는 농장을 구입했다. 지방 법원의 서기가 왜 땅을 사려는지 묻자 아이젠하워는 '저는 대부분 인생을 전쟁터에서 보냈습니다. 하지만 제가 묏자리를 구할 때는 전쟁터가 아닌 평화로운 곳이었으면 합니다.'라고 말했습니다.

1945년 봄, 연합군은 새벽에 라인 강을 횡단할 예정이었습니다. 한 미군 일병이 이리저리 강둑을 서성거리고 있었습니다.

누군가 병사에게 다가오면서 "고민이라도 있나?"라고 물었습니다.

병사는 "제가 좀 예민해서요."라고 대답했습니다.

"나도 그렇다네. 서로 힘을 얻도록 같이 걸어보세."

그리고 그는 일병의 어깨에 손을 올렸습니다. 병사는 그 사람이 어떤 사람인지 몰랐습니다. 그는 아이젠하워 장군이었습니다.

1969년 4월 아이젠하워 장군은 한 병원에서 임종을 맞이하고 있었습니다. 어느 날 저녁 그는 아래층에 있는 아들 존을 불렀습니다.

아들이 병실로 들어왔을 때, 아이젠하워는 산소마스크를 쓰고 누워 있었습니다. 아이젠하워는 다음과 같이 말했습니다.

"존, 마스크를 떼어줘. 사람들에게 할 말이 있어. 저는 언제나 아내와 가족들을 사랑했고, 나라를 사랑했으며, 하느님을 사랑했습니다."

확인된 맺음말을 사용하라

허버트 험프리 부통령은 민주당의 대연설가였다. 험프리의 지지자였던 한 영화계 중진 인사는 험프리가 한 연설의 맺음말을 이렇게 인용했다.

루스벨트 대통령이 1945년 4월 조지아 주에서 휴양 중에 갑자기 서거했을 때, 험프리 부통령은 제퍼슨·잭슨의 날 만찬 연설문을 작성하고 있었다.

갑자기 루스벨트가 사망하자, 험프리는 이렇게 맺음말을 써 내려갔다.

"오늘 우리가 얼마나 고민하는가에 따라 앞으로의 미래가 달라질 것입니다."

이 말은 루스벨트의 마지막 말이었다. 그 말을 다시 추모 연설의 맺음말로 사용했을 때 사람들의 가슴이 얼마나 찡했겠는가? 그렇다고 마무리하는 말이 모두 신파조여야 한다는 것은 아니다. 각 모임의 목적에 부합해야 한다.

사람이 제일 중요하다

여성 기업가는 학교 동창인 ABC 방송국의 여성 앵커를 어느 인사에게 소개하면서 이렇게 말을 맺었다.

> 몇 년 전 웰슬리 대학 여성 학장이던 앨리스 팔머는 남편에게 일을 그만두고 집에서 글을 쓰는 것이 좋지 않으냐는 말을 들었답니다.
>
> 그때 그녀는 이렇게 말했습니다.
>
> "중요한 것은 사람이에요. 사람에게 투자하면 그 사람은 다른 사람에게 영향을 주지요. 그러면 영향을 받은 그 사람은 또 다른 사람에게 영향을 미칩니다. 그렇게 되면 계속해서 일을 할 수 있게 되지요."
>
> 오늘의 연사도 바로 평생을 사람에게 투자한 좋은 본보기가 되는 분입니다.

한 송이 꽃을 심다

포드 대통령은 언젠가 기독교와 유대교로 구성된 국가단체의 열성 박애주의자를 소개하며, 다음과 같은 일화로 말을 맺었다.

우리 가슴에 '착한 마음의 본성'이 생길 때면 이 말을 처음 언급한 에이브러햄 링컨 대통령이 연상됩니다. 여러분, 링컨 대통령이 자신의 묘비에 쓰이길 바랐던 문구를 다시 한번 생각해봅시다.
"꽃이 자랄 만한 곳에 잡초를 뽑고, 그곳에 한 송이 꽃을 심었던 사람" – 오늘 소개할 분의 묘비에도 같은 문구를 새길 수 있을 것입니다.

헌신적인 직원이나 열성적인 시민단체를 소개할 때 혹은 시상식장에서 포드 대통령의 맺음말을 인용하면 좋을 것이다.

감성을 자극하는 이야기
잭 켐프가 현충일에 사용했던 '눈물 젖은' 사연은 기립박수를 유도할 수 있는 방법이다. 기업 창업자의 기념식이나 사고로 희생된 주민들의 위령제를 지내며 인용할 수 있는 이야기다.

컬럼비아 대학의 루 리틀은 유능한 미식축구 감독이었습니다. 제2차 세계대전 후 컬럼비아 대학의 학장으로 있던 아이젠하워는 그를 사상 최고의 감독으로 생각했을 정도였습니다. 리틀 감독은 바로 전에 조지아 대학의 감독으로 있었습니다. 그 대학 후보선수 중 데니스 프래허티라는 공격수가 있었습니다. 그는 오후가 되면 늘 한 노인을 대동하고 연습경기를 했습니다.

어느 날 이 팀은 최강의 라이벌인 홀리 크로스Holy Cross와 경기를 치르게 되었습니다. 그때 이 후보선수는 리틀 감독을 찾아와서 부탁했습니다.

"감독님, 오늘 이 경기에서 선발로 뛰게 해주십시오."

"나도 네가 얼마나 열심히 연습하는지를 잘 알고 있어. 그런데 몸집이 너무 작아. 그래서 상황이 되면 경기 막판에 너를 투입시킬 거야."

"그렇다면 감독님, 부탁드립니다. 오늘 저를 선발로 출장시켜 주시고 최선을 다하지 못한다고 판단되면 5분 후에 저를 빼주세요."

그래서 감독은 이 선수를 출장시켰는데, 눈부신 활약을 보여 그날 60분 경기 모두를 뛰게 했습니다. 경기가 끝나자 감독이 물었습니다.

"오늘 너 왜 이렇게 잘하는 거야?"

"감독님, 제가 늘 아버지를 모시고 와서 연습했던 거 아시죠?"

"그랬었지."

"아버지는 장님이셨거든요. 어젯밤 아버지가 심장마비로 돌아가셨어요. 오늘 아버님께서 제 경기를 보는 첫날이 되는 셈이었지요."

이 말 다음에 덧붙일 수 있는 말은 "마찬가지로 저는 우리의 창립자께서 하늘에서 우리를 내려다보고 있음을 느끼고 있습니다." 등의 감성을 자극하는 말들이다.

감성적인 호소문뿐 아니라 날카로운 비평이 필요한 자리에서도 일화를 사용한다면 좋을 것이다.

남북전쟁에 대해서는 전문가 못지않게 줄줄 꿰고 있던 필라델피아 보험사 경영자는 간부회의에서 이런 말을 했다.

남북전쟁에서 데이비드 패러것 제독은 새뮤얼 듀폰 대령을 집무실로 불렀습니다. 그는 군함이 왜 찰스턴 항에 진입하지 못하는지 이유를 추궁했습니다. 대령은 공습을 단행하지 못한 이유를 다섯 가지로 정리해서 보고했습니다.

대령의 말을 듣고 난 제독이 말했습니다.

"대령, 한 가지 이유가 더 있소이다."

"그게 뭡니까?"

"할 수 있다는 믿음이 없었소."

당신의 부고문

당신은 기부금을 모으기 위해 설득력 있는 맺음말이 필요할지도 모른다. 그때 사용할 수 있는 이야기다.

19세기 말 스웨덴의 어느 기업가가 연어, 달걀, 베이컨으로 아침식사를 하고 있었습니다. 그는 모닝커피를 마시면서 신문을 펼쳤습니다. 신문에는 자신이 사망했다는 기사를 다루고 있었습니다.

잠시 후 그는 얼마 전 인도에서 죽은 형을 자신으로 착각한 오보라는 것을 알아차렸습니다. 그는 자신에 대해 평가한 기사를 읽어 보았습니다.

'무기 판매상, 파멸의 거래자, 죽음의 상인.'

그는 분노했습니다. 그는 곧 변호사 사무실로 갔습니다. 그곳에서 그는 새로운 유언을 작성했습니다. 그 유언은 바로 노벨재단을 세우라는 것이었습니다.

예수님의 손

다음과 같은 이야기도 활용할 수 있다.

남부 이탈리아의 작은 도시에서 독일군이 예수의 동상을 산산조각 내고 퇴각했습니다.

신부는 마을 여자들이 축제를 준비하는 동안 남자들은 조각난 예수상을 복원하자고 주문했습니다.

해질 무렵이 되자 마을 사람들은 신부를 찾아와 슬픔에 찬 목소리로 말했습니다.

"신부님, 저희가 온갖 방법을 다 동원해서 흩어진 예수상을 찾았지만, 끝내 예수님의 손만은 찾지 못했습니다. 포탄에 맞아 박살이 난 모양입니다."

신부가 대답했습니다.

"여러분, 왜 아직 모르고 계십니까? 바로 여러분들이 예수님의 손입니다."

자신의 경험을 이용하라

경험에서 우러나온 이야기가 가장 효과적이다.
한 애완동물 식품 제조회사의 경영자는 업계의 치열한 경쟁으로 인해 심각한 경영 위기 상황을 맞게 되었다. 필자는 그를 위해서 회사의 생산직 근로자와 영업사원들에게 들려줄 연설문을 작성하고 있었다.

필자는 그에게 인생에서 가장 슬펐던 때가 언제였는지 물었고, 그는 결코 한 번도 없다고 대답했다.

필자는 "정말입니까? 조부모님이나 부모님이 돌아가신 적도 없단 말씀이십니까?"라고 되물었다. 그러자 그는 다음과 같은 이야기를 들려주었다.

"대학을 다닐 때 아버지가 돌아가셨습니다. 고향으로 돌아와서 장례식을 준비하는 어머니를 도와드렸지요. 그런데 2주가 지나자 어머니마저 돌아가셨습니다. 이번에는 모든 장례식 준비를 저 혼자 했습니다. 목사 선정에서부터 장례복, 장지 선정, 장례 절차에 이르기까지 모든 일을 제가 했습니다. 장지에서 돌아왔을 때 우리 집에서 기르던 애완견 렉스가 층계 밑에 죽어 있었습니다."

그의 이야기를 듣고 나서 필자는 "저는 그때 절망하지 않았으며, 지금도 절망하지 않고 있습니다. 이제 우리 모두 칠전팔기의 정신으로 재기할 것입니다."라는 말을 덧붙이며 마무리하라고 조언했다.

그는 이 말을 애완견 동호회 모임에서도 했다. 참석자들은 회사가 기획한 제품을 모두 사들였다. 그 연설을 담은 비디오테이프를 보고 눈물을 흘리지 않는 사람은 한 사람도 없었다.

마지막 인상은 오랫동안 기억된다

스스로 경험을 더듬어 보라. 사람들이 진심으로 갈채를 보내느냐 보내지 않느냐는 바로 당신이 어떤 말로 마무리를 하느냐에 따라 달라진다.

> 사람들이 갈채를 보내느냐 보내지 않느냐는 바로 당신이 어떤 말로 마무리를 하느냐에 달려 있다.

'활기찬 맺음말, 호소력 있는 맺음말, 그리고 감동적인 맺음말'은 말에 힘을 실어주는 장치이다. 이 책에 실려 있는 예문들은 어떤 자리에서든 활용 가능한 이야기다.

당신의 말이 아무리 지루하고 허술해도 마무리만 확실하면 사람들로부터 대환영을 받을 수 있다. 마지막 인상은 기억에서 쉽게 지워지지 않는다. 명심할 것은 평범한 강연이라도 감동적으로 마무리한다면 박수를 받을 수 있다는 것이다.

당신 말에 케네디와 마틴 루터 킹 목사를 비롯한 역사적 위인들의 일화를 끼워 넣거나, 아니면 스스로의 경험에서 나온 말로 연설을 마무리한다면 기립박수도 가능하다.

예상 밖의 행동으로
시선을 집중시킨다

> 용기로 나를 무장시켜 주오.
> — **윌리엄 셰익스피어**

> 커뮤니케이션이란 단순히 말로 표현하는 것 이상이며, 사상과 감정까지 전달하는 것이다.

개성 있는 행동은 처칠, 레이건, 링컨 등 성공한 리더들의 주된 특징이다. 리더들은 평범함을 좋아하지 않는다. 리더들은 원고를 그대로 따라 읽지 않으며, 예상외의 말로 청중을 놀라게 한다. 리더들은 전혀 예기치 않은 방식으로 대중의 반응을 끌어낸다. 그리고 그들은 사람들이 영원히 기억할 수 있는 말을 남긴다.

청중들을 놀라게 하라

1986년 베를린 회의에서 레이건이 고르바초프 서기장을 만났을 때 어떻게 말했을까. 통상적으로 협상에 임하기 전에 하는 말이었을까. 아니면 전형적인 외교적 수사를 했을까. 아니면 애매모호한 관료용어를 사용했을까.

고르바초프 서기장, 베를린 장벽을 무너뜨려 주시오.

레이건은 케케묵은 고루한 말이 아니라 새 역사를 준비하는 말을 할 때라는 것을 알고 있었다.

벤자민 프랭클린은 대담한 행동으로 인쇄업자들을 놀라게 만들었다.

프랭클린이 필라델피아에서 인쇄업에 막 뛰어들었을 때, 기득권을 갖고 있던 인쇄업자들이 담합하여 승승장구하던 프랭클린의 인쇄 회사를 시정부와의 계약에서 따돌렸다.

프랭클린은 초대장을 써서 인쇄업자들을 사무실로 불러모았다. 인쇄업자들이 무슨 일인가 싶어 프랭클린을 찾아갔다.

그때 프랭클린이 그들의 호감을 사기 위해 기름진 음식과 술로 접대를 했을까. 프랭클린은 손님들 앞에 묽은 죽 모양의 음식을 내놓았다. 가운데 앉은 프랭클린은 쟁반에 물을 붓고 게걸스럽게 음식을 먹었다.

인쇄업자 한 명도 쟁반에 물을 붓고 음식을 한 수저 떠먹어 보았다. 갑자기 그가 음식물을 퉤퉤거리며 "아니, 프랭클린 씨, 도대체 이 쟁반에 든 음식이 뭡니까?"라며 화를 냈다.

프랭클린이 웃으면서 대답했다.

"톱밥이지요. 지금 저는 톱밥으로 연명하고 있습니다. 여러분들이 양해해서 제가 좀 먹고살 수 있도록 해주십시오."

프랭클린은 다시 시정부의 도급 회사로 복귀할 수 있었다.

리처드 닉슨이 1972년 공화당 전당대회의 연설자로 초빙되었다. 하지만 닉슨은 이 초청을 거절했다. 나중에 필자에게 그 이유를 말해주었다.

선생, 현직 대통령을 변호하는 전직 대통령 연설이란 게 너무 뻔하지 않소. 리더란 결코 지루해서는 안 됩니다.

> 진부한 말로는 분위기를 제압할 수 없다. 이것은 예의바른 사람이나 하는 짓이다. 진부한 것은 지루하다.

대부분의 연설가는 자기 소개가 끝나자마자 곧바로 연설로 들어간다. 하지만 성공한 리더들은 침묵하며 기다린다. 그리고 자신의 첫마디를 각인시킨다.

에이브러햄 링컨이 게티즈버그에서 어떻게 말했는가? 사람들은 두 시간 동안 에드워드 에버렛의 연설을 들었다. 그리고 조금 후에는 대통령의 연설을 들어야 했다. 링컨은 자신의 연통 모자를 벗고 안경을 걸치며 주머니에서 타이핑한 듯한 몇 장의 쪽지를 꺼냈다. 청중들은 길고 지루한 연설을 예감했다.

그러나 링컨은 청중들을 놀라게 하였다. 그는 연설문을 낭독하지 않았다. 메모지에 눈길을 주지도 않았던 것이다. 그는 청중들을 응시하고 단 2분 동안 진심에서 우러나오는 말인 것처럼 말했다.

연설을 연출하라

처칠, 레이건, 링컨 같은 리더들은 연설을 연출했다. 처칠이 신임 재무장관으로 취임한 후 첫 예산안을 발표하면서, 어느 정도 세금이 걷힐 것인가에 대해 말하고 있었다. 주세酒稅에 관해 말할 차례가 되자 처칠은 테이블에 있던 물병을 들고 컵에 한 잔을 따랐다. 그런데 병에 든 것은 물이 아니라 황색의 위스키였다. 처칠은 장난기 어린 웃음을 지으며 이렇게 말했다.

세금을 많이 걷도록 하겠습니다. 여러분이 허락하신다면 지금부터 걷겠습니다.

그러면서 위스키 한 잔을 마셨다. 하원은 웃음바다가 되었다. 처칠이었기에 예산안에 대한 설명을 그렇게 지루하지 않게 할 수 있었던 것이다. 처칠은 청중들의 이목을 끄는 비결에 도통해 있었다.

어느 열혈 노동당원이 장시간에 걸쳐 처칠을 비판하고 있었을 때였다. 바로 그때 그 앞에서 처칠이 엉금엉금 기어가고 있었다. 황당해진 그는 처칠에게 의원이 도대체 무슨 짓이냐고 물었다.

처칠은 천연덕스러운 표정으로 사람들에게 말했다.

"눈깔사탕을 찾고 있습니다. 그게 바닥에 떨어졌네요."

이렇듯 처칠은 필요하다면 어릿광대 같은 행위도 서슴지 않았다. 아이젠하워 장군은 제2차 세계대전 중 처칠이 지방 관저의 금요 만찬에서 셰익스피어 작품의 독백을 갑자기 읊곤 했다고 회고했다. 처칠은 『뜻대로 하세요As you like it』를 통해 "인생은 연극이며 단지 우리는 무대의 배우일 뿐이다."라고 말한 적이 있다고 한다.

처칠은 그 무대에서 주인공이 되기를 원했다. 제1차 세계대전이 발발하자 독일군은 벨기에를 통해 프랑스로 침공하였다. 영국군 사령관은 독일군을 프랑스에서 벨기에로 끌어내기 위해서 앤트워프에서 양동陽動작전을 구사하자는 제안을 했다. 그래서 처칠은 울긋불긋한 예복과 대형버스를 준비하라고 지시하고, 정예 해군 2천 명과 함께 앤트워프에 도착했다.

18세기 풍의 황금빛 예복과 자주색 삼각뿔 모자를 쓴 처칠은 마치 서커스단 단장 같기도 하고, 나폴레옹처럼 보이기도 하는 모습이었다. 처칠은 버스 위에서 메가폰을 들고 병사들에게 방어 태세를 갖추라고 독려했다. 이 모습을 보고 불안감을 느낀 독일군 사령관은 부대를 프랑스에서 앤트워프로 이동하게 된 것이다.

1980년 뉴햄프셔 주의 대통령 선거인단 투표에서 레이건은 부시의 상승세에 제동을 걸었다. 레이건은 실제로 배우 생활을 한 경험이 있었다.

레이건 진영에서는 맨체스터의 홀을 빌려서 공화당 후보 지명자들인 부시, 존 앤더슨, 하워드 베이커, 잭 켐프와의 토론회에 대비했다. 사회자는 각 질문을 할당된 시간 안에 대답하는 형식으로 진행했다. 사회자가 토론 중에 레이건의 답변을 중간에서 잘랐다. 레이건은 그때 이렇게 성토했다.

"사회자님, 저는 이 마이크 값을 분명히 지불했습니다."

레이건은 1983년 2월 '올해의 손님'이라는 새로운 형식을 도입했다. 그 당시에 대니얼 스톨트닉이라는 조종사가 꽁꽁 얼어붙은 포토맥 강에 비상착륙을 하여 승객을 구해낸 사건이 있었다. 레이건은 국민들에게 그의 영웅적 행동을 치하하며, 자기 부인 옆에 있던 그 조종사를 지목했던 것이다.

링컨과 극장을 생각하면 곧장 비극적인 암살 현장이 연상되지만 링컨의 책상 위에는 헌법 및 성경, 그리고 셰익스피어의 비극이 놓여 있었다. 링컨도 처칠처럼 『맥베스』, 『햄릿』, 『리어 왕』 등에서 즐겨 인용했다.

링컨도 예기치 못한 행동의 효과를 잘 이해하고 있었다. 그는 권위가 깎이는 것을 두려워하지 않고 자기주장을 관철시켰다.

링컨이 폭행 혐의로 소송을 당한 의뢰인을 변호할 때의 일이었다. 피고인이 쇠스랑을 어깨에 걸치고 길을 걷고 있는데, 농가에서 튀어나온 맹견으로부터 공격당한 사건이었다.

링컨은 피고인이 쇠스랑으로 맹견을 퇴치하는 과정에서 개가 찔려 죽은 것이기 때문에 정당방위라고 변론했다. 그리고 사건 당시 있었던 실랑이를 상세하게 묘사했다.

"왜 내 개를 죽였소?"

주인이 말했다.

"왜 개가 날 물었소?"

피고인이 대꾸했다.

"왜 손잡이 부분으로 개를 쫓아버리지 않았소?"

주인이 말했다.

"왜 개가 꽁무니를 내밀며 달려오지 않았소?"

피고인이 대꾸했다.

이 말을 끝내자 링컨은 갑자기 주저앉더니, 배심원들에게 엉덩이를 들이밀면서 기어갔다. 폭소가 터져 나왔다. 그리고 사건은 무죄로 판결되었다.

링컨이나 처칠은 필요하다고 판단되면 무릎을 꿇고 엉금엉금 기어가는 것도 두려워하지 않았다. 성공한 리더들은 자신의 위신이 추락하는 것도 마다하지 않고 전혀 뜻밖의 행동을 했던 것이다.

관행을 깨뜨려 주목을 끈다

레이건 대통령은 임기 말에 과감한 조치로 국민들의 사랑을 받았다. 지난 20년 동안 대통령의 연두교서는 앞으로 진행될 법률안을 지루하게 늘어놓는 자리였다. 레이건 대통령은 자신의 연설이 텔레비전을 통해 방영되면 국회의원보다는 오히려 미국 국민들에게 초점을 맞춰야 한다는 사실을 알고 있었다.

대통령이 국민을 설득한다면 국회의원들도 따를 수밖에 없을 것이라고 생각하고, 20년간 진행된 관행을 탈피했다. 작은 정부나 자유의 확대 같은 단일한 주제에 집중하여 연설을 하고, 나머지 세세한 법안은 약술하기로 했다.

> 연두교서를 상정된 법률안에 대한 장광설이 아닌 감동적인 드라마로 바꾼 사람은 바로 배우 레이건이었다.

양원 합동회의에서 하는 연두교서 형식은 우드로 월슨 대통령이 다시 도입한 것이었다. 워싱턴 대통령과 애덤스 대통령은 상원과 하원에서 개인적으로 연례연설을 했지만 제퍼슨 대통령은 자신의 메시지를 상하원에 통보하는 형식을 취했고, 그 후의 대통령들은 모두 이 관습을 따랐다. 정치학 박사학위를 가지고 있었던 월슨은 「의회적 정부Parliamentary Government」라는 논문을 쓴 적이 있다. 영국의 정치제도를 연구하는 과정에서 월슨은 하원에서 영국 국왕이 총리가 작성한 연례연설을 하는 제도에 관심을 가지게 되었다.

20세기에 등장한 일간 신문들은 여론을 형성하는 데 새로운 세력이 되었으며, 월슨은 자신의 의사를 개인적으로 국회에 제시함으로

써 신문을 장식하고자 했다. 윌슨은 기존 관행을 깨기로 한 것이다.

그 전임자였던 시어도어 루스벨트 대통령도 백악관에서 언론과 대담함으로써 과감하게 종래의 관습을 깨뜨렸다. 이런 정책을 실행함으로써 루스벨트는 시어도어라는 그 이름에서 딴 테디베어라는 곰인형이 국민의 사랑을 받았듯 언론의 사랑도 받게 되었다.

1912년 시어도어 루스벨트가 진보당의 대통령 후보로 출마했을 때 일이었다. 그는 밀워키의 호텔에서 나오는 도중에 암살자의 총에 맞아 가슴이 뚫린 상태에서도 연설을 계속했다. 청중들은 경악하지 않을 수 없었다. 가슴이 피범벅이었지만 그는 연설을 계속했다.

여러분, 저는 여러분께 조용히 해주실 것을 부탁드립니다. 그리고 제 연설이 길어지더라도 이해해주시기 바랍니다. 최선을 다해 연설하겠지만, 보시다시피 제 몸에는 탄환이 한 발 들어 있습니다.

시어도어 루스벨트는 무려 50분간을 연설하고 병원으로 갔다. 그는 자신이 연설을 한다는 사실이 연설 내용 그 자체보다도 더 중요하다고 생각했다. 그는 대중들의 관심을 모을 줄 알았다.

시어도어 루스벨트 대통령과 먼 친척지간이었던 프랭클린 루스벨트 대통령도 1932년에 일반의 예상을 깨는 드라마틱한 행동을 보여주었다. 그는 그해 7월 10인승 경비행기를 타고 민주당 전당대회에서 대통령 후보 수락 연설을 하러 갔다. 대통령 역사상 처음 있는 일이었고 과감한 행동이었다. 이 행동으로 루스벨트는 자신이 대통령직에 적합한 인물, 경제적 불안에 시달리는 그 당시에 결단력 있는 대통령이라는 이미지를 심어주게 되었다. 유례없는 그의 비행은 실제 연설 그 자체보다도 대중의 주목을 받았다. 실로 과감한 행위였다.

뉴욕의 명시장이었던 피오렐로 라 과르디아Fiorello La Guardia도 신문사의 파업 기간 중에 라디오에서 신문 만화를 읽는다든가, 소방차 뒤에 타고 화재 현장에 간다든가 하는 튀는 행동으로 자신의 개성을 선보였다. 다음의 이야기는 시장이 즉결심판 법정의 판사로 일할 때 생긴 사건이다.

어느 겨울날 아침, 경찰이 시장에게 추위에 떨고 있는 노인을 데리고 왔다. 노인은 빵 한 조각을 훔쳤다는 이유로 기소된 상태였다. 노인은 자신의 가족들이 굶주리고 있다고 말했다.

"처분을 내리겠습니다."

라 과르디아 시장은 이렇게 말을 꺼냈다.

"법은 평등합니다. 어쩔 수 없이 당신에게 10달러 벌금형을 내려야겠군요."

'작은 꽃Little Flower'이라는 별명을 가지고 있던 시장은 자신의 주머니를 뒤지며 이런 말을 덧붙였다.

"여기 10달러입니다. 재판은 종료되었습니다."

시장은 자신의 맥고모자에 10달러 지폐를 담아 주었다.

"할말이 더 있습니다."

시장이 다시 말을 꺼냈다.

"저는 먹고살기 위해 빵을 훔치도록 도시 환경을 조장한 이 법정의 여러분들에게도 50센트의 벌금형을 부과하겠습니다. 서기, 각자에게 벌금을 걷어서 이 피고인에게 주세요."

모자가 사람들에게 돌려졌고, 어리둥절하던 이 노인은 감사의 눈물을 흘렸다. 노인은 47달러 50센트를 손에 쥐고 법정에서 나왔다.

성공한 리더의 메시지는 강력하다

개성을 발휘하거나 관례를 깨는 일, 원고를 벗어나거나 뜻밖의 행동을 하는 일은 공통적으로 다 타고난 끼가 필요하다.

아이젠하워와 같이 상식을 깨는 행동으로 어색한 분위기에서 탈피할 수도 있을 것이다. 아이젠하워 장군은 제2차 세계대전 중 부대를 검열하며 수없이 많은 '사기 진작'을 위한 연설을 했다. 그중 최고의 연설은 1944년 초봄에 플리머스에서 있었던 연설이다.

연병장에는 군인들이 연합군 최고 사령관을 기다리며 부동자세로 서 있었다. 그런데 연단으로 가던 아이젠하워는 비에 젖은 땅바닥에 그만 고꾸라져 버렸다. 군인들은 그가 일어나서 옷을 털 때까지 아무 소리도 내지 않고 서 있었다. 아이젠하워는 병사들을 보고 껄껄거리며 크게 웃었다. 그러자 연병장은 갑자기 웃음바다가 되었다.

그때 아이젠하워는 손가락으로 V자를 그리며 걸어 나왔다.

나중에 아이젠하워는 그 일을 평하면서 '내 생애 최고의 연설이었습니다.'라고 회고했다.

1945년 일본이 항복하자 맥아더 장군은 일본으로 날아가 나리타 공항에 착륙했는데, 그 공항은 도쿄에서 대략 30마일 정도 떨어져 있었다.

> 과감한 행동은 강력한 메시지를 전달한다.

도쿄로 진입하기 위해서 방탄차가 준비되었다. 하지만 맥아더는 오픈카를 준비하도록 했다. 동행했던 참모들이 총기류를 점검했으나, 맥아더는 '무장은 없다.'고 말했다.

맥아더는 오픈카를 타고 서서히 도쿄로 들어갔다. 맥아더는 오픈카 후미에 부동자세로 서 있었고, 연도에 늘어선 수십만 명의 일본 군들은 받들어 총 자세를 하고 있던 상황이었다. 일본인들은 그의 용기에 입을 다물지 못했다. 맥아더는 대담한 행동으로 일본인들에게 경외감을 심어주었다. 맥아더는 누구도 예상하지 못한 행동을 했던 것이다.

대담해지라. 과감히 행동하라. 누구도 예상하지 못한 행동으로 사람들을 놀라게 하라.

최근 한국 사회는 대중 커뮤니케이션의 중요성이 더욱 부각되고 있다. 예전에는 상상할 수도 없었던 대통령과의 대화가 텔레비전을 통해서 방영되고, 각종 선거에서도 여러 매체를 통해 리더로서의 자질을 검증하고 있다. 이러한 사회 전반적인 흐름은 공직 사회뿐 아니라 일반 기업체나 개인에 이르기까지 사회 전 영역으로 확대되고 있는 추세이다. 더 이상 직위를 이용해서 누군가를 강압하기에는 너무나 많은 제약과 난관이 있다. 바야흐로 대중의 마음을 사로잡고 움직이게 하는 것, 말하자면 대중을 어떻게 설득하느냐의 시대가 다가온 것이다.

그렇다면 어떤 말과 행동이 대중들의 마음을 사로잡고 움직일 수 있는 것인가? 대중 커뮤니케이션에 수많은 경험을 쌓은 저자 제임스 흄스는 이러한 질문에 성공한 리더들의 비법을 제시하고 있다. 베를린 광장에 운집한 사람들 앞에 선 히틀러는 멋들어진 첫마디로 대중을 선동한 것이 아니었다. 5분간의 침묵이었다. 바로 그 침묵이 수많은 대중을 히틀러의 마력 속으로 빠져들게 했던 것이다. 그런데 이 방법은 히틀러만 사용한 것이 아니었다. 대중의 마음을 사로잡았던 성공한 리더들의 공통적인 커뮤니케이션 기법이었다.

보나파르트 나폴레옹이 그랬고, 여권운동가 엘리자베스 케이디 스탠턴이 그러했다. 왜 그랬던 것일까? 그 이유는 바로 그 침묵이 권위와 파워를 배가시켰기 때문이었다. 저자는 권위와 설득력을 높이는 대중 커뮤니케이션 비법을 성공한 리더들의 입을 빌려 명쾌하게 설명하고 있다.

이 책의 특징 중 하나가 이러한 대중 커뮤니케이션의 기법을 이론적인 입장이 아니라 위인의 일화와 에피소드를 실례로 들어가며 서술하고 있다는 점이다. 이 책에는 익히 알려져 있는 워싱턴, 링컨, 프랭클린, 루스벨트, 아이젠하워, 처칠, 레이건, 케네디 등의 인물뿐 아니라 잘 알려지지 않은 수많은 인물들의 언행이 예로 나온다. 따라서 대중 커뮤니케이션 기법을 터득하는 기술뿐만 아니라 위인들의 유머집을 보는 듯한 재미도 있다.

저자가 세세한 위인들의 사례를 언급하며 대중 커뮤니케이션 기법을 밝힐 수 있는 이유는 처칠과 아이젠하워와 같은 거인들과 직접적인 교류가 있었기 때문이다. 저자 제임스 흄스는 하원의원, 변호사, 저술가일 뿐 아니라 아이젠하워와 닉슨을 비롯한 역대 미국 대통령의 연설문 작가로 일한 다채로운 경력의 소유자다.

저자가 말하는 대중 연설의 알파는 권위요, 오메가는 파워이다. 하지만 우리가 익히 알고 있는 위인들의 권위와 파워는 타고난 화술의 달인이었기 때문은 아니었다. 20세기 최대의 연설가였던 처칠도 실제로는 말더듬이였다. 그들은 자신의 연설을 위해 말 한마디뿐 아니라 동작 하나하나에 예민했으며, 대중 연설에서의 자신의 약점을 고쳐나갔다.

리더들의 설득력은 그 직위나 말재주 때문이 아니라 권위와 파워가 깃든 커뮤니케이션 기법을 터득하고 있었기 때문이다. 이 기법의 범주는 호소력 있는 언어의 사용뿐 아니라 외모와 몸짓까지 포함되는 것이다.

권위라고 해서 단순히 목에 힘을 주고 폼을 잡으라는 뜻은 아니다. 그러한 방식이야말로 청중들을 지루하게 하고 자신의 권위를 약화시키는 첩경이다. 때로는 위신이 깎이는 것도 두려워하지 않는 용기 있는 태도가 바로 말하는 사람의 권위를 높이고 설득력을 향상시키는 한 가지 방법이다.

저자의 비법 중에 번역하기 가장 까다로웠던 부분은 연설문의 배치나 낭독법이었다. 이 부분에서 저자는 연설을 거의 예술의 경지로까지 파악하고 있는 듯하다. 저자는 언어적 배치와 리듬을 자세한 예문으로 소개해놓았지만 우리말로 이를 번역한다는 것은 무척 난해한 작업이 아닐 수 없었다. 이는 물론 역자의 역량이 미흡한 탓일 수도 있지만, 한국어와 영어라는 언어적 차이에서 기인한 바가 크다.

언어적 차이에서 오는 몇 가지 특수한 경우를 제외하고 이 책에서 소개하는 화술의 비법을 잘 활용한다면, 꼭 대중을 향한 연설이 아니더라도 직장생활이나 사회생활에 많은 도움이 될 것이다.

이채진

세계 최고의 화술

초판 1쇄 인쇄 · 2021년 5월 14일
초판 1쇄 발행 · 2021년 5월 21일

지은이 · 제임스 C. 흄스
옮긴이 · 이채진
펴낸이 · 김형성
펴낸곳 · (주)시아컨텐츠그룹
편　집 · 강경수
디자인 · 이종헌

주　소 · 서울시 마포구 월드컵북로5길 65 (서교동), 주원빌딩 2F
전　화 · 02-3141-9671
팩　스 · 02-3141-9673
이메일 · siaabook9671@naver.com
등록번호 · 제406-251002014000093호
등록일 · 2014년 5월 7일

ISBN 979-11-88519-23-1 (03190)